总裁商业模式

不懂商业模式的总裁绝对不是好总裁

马杰 著

中国财富出版社

图书在版编目（CIP）数据

总裁商业模式：不懂商业模式的总裁绝对不是好总裁 / 马杰著. —北京：中国财富出版社，2015.11

（华夏智库·金牌培训师书系）

ISBN 978－7－5047－5901－6

Ⅰ.①总…　Ⅱ.①马…　Ⅲ.①企业管理—商业模式　Ⅳ.①F270

中国版本图书馆 CIP 数据核字（2015）第 238470 号

策划编辑 黄　华　　**责任编辑** 邢有涛　单元花

责任印制 方朋远　　**责任校对** 梁　凡　　**责任发行** 邢有涛

出版发行 中国财富出版社

社　　址 北京市丰台区南四环西路 188 号 5 区 20 楼　　**邮政编码** 100070

电　　话 010－52227568（发行部）　010－52227588 转 307（总编室）

010－68589540（读者服务部）　010－52227588 转 305（质检部）

网　　址 http：//www.cfpress.com.cn

经　　销 新华书店

印　　刷 北京京都六环印刷厂

书　　号 ISBN 978－7－5047－5901－6/F·2481

开　　本 710mm×1000mm　1/16　　**版　　次** 2015 年 11 月第 1 版

印　　张 13.75　　**印　　次** 2015 年 11 月第 1 次印刷

字　　数 166 千字　　**定　　价** 35.00元

前　　言

“当今企业之间的竞争，不是产品之间的竞争，而是商业模式之间的竞争。”管理学大师彼得·德鲁克如是说。

商业模式成为挂在很多人嘴边的一个常用词。几乎每一位商业人士都确信——有了一个好的商业模式，成功就有了一半的保证。凡成功的企业必有成功的商业模式，企业的商业模式决定了企业的命运。

那么，商业模式是什么呢？又该如何管理呢？

有的人常常认为赢利模式就是商业模式，这是不对的。赢利模式只是商业模式的一个小的模块，商业模式包括许多方面。不论你在不在意，凡是商业行为，商业模式就在那里。好的模式为公司带来好的收益，不好的模式使公司举步维艰。不仅是公司老板需要关注商业模式问题，任何一个想要经商赚钱的人都要了解商业模式问题。

其实，任何一种商业模式都是由以下几个构造块组成的，即客户细分、价值主张、渠道通路、客户关系、收入来源、核心资源、关键业务、重要合作、成本结构。

商业模式就是一种公司管理方法，它是以战略为基础所制定出来的发展方向和战略方式。而且，所有的商业模式新生代都不可避免地包含以上 9 个构造块，只是这些构造块按不同的顺序排列组合罢了。

而作为一个企业的领路人——总裁，需要格外关注商业模式问题，任何一个想要通过企业来取得赢利的人都要了解商业模式的问题。因为商业模式有好坏之分，好的商业模式能使企业得到发展和赢利，能使企业在市场的红海中脱颖而出，成为行业翘楚；而不好的商业模式或不成功的商业模式只能使企业亏本，导致企业步履维艰，难以为继。

在当前这个以知识经济为领导的时代，市场环境瞬息万变，消费者需求偏好不断发生变化，所有的企业竞争都处于不断变化的环境之中，这就对企业的持续经营和发展提出了更高的要求。所以，一个企业必须具有良好的可行的商业模式，企业的领导者也必须熟悉商业模式对企业的作用和设计方法。

这就是本书所要达到的目的，即通过本书向广大的企业领导者传导商业模式这一思想，并指导领导者如何从顶层设计商业模式。因此，本书从商业模式的设计理念和实际操作方面即理念篇与实操篇进行详细的阐述，并且在实操篇中的第九章列举了大量的具有影响力的商业模式案例，以便读者深入理解本书的主旨。

理念篇主要涉及以下三个方面：

商业模式的概念及实质；

商业模式与管理模式的区别；

总裁在商业模式制定与执行中的角色定位。

实操篇主要向大家阐述了以下五个关键点：

客户端价值发现及方案设计；

赢利模式设计；

关键性资源管控和设计；

各维度的流程模式设计；

商业模式的继承与创新。

结尾之处，为提升读者理解所列举的具有影响力的商业模式案例，有联想、比亚迪、腾讯、阿里巴巴、苏宁等比较典型的商业模式。希望广大读者阅读完本书之后，能成为商业模式设计的高手，使企业在本书的指导下获得更多的市场份额和利润。

最后，我要感谢我的朋友们，是他们耐心细致、不辞辛苦地对我提出要求和指导，才有了今天本书的出版与发行。

作者

2015 年 5 月

目录
Contents

理念篇

第一章　商业模式的实质是管理模式

若不善于管理，模式无异于画饼充饥

商业模式成为挂在很多人嘴边的一个常用词。几乎每一个人都确信，有了一个好的商业模式，成功就有了一半的保证。那么，究竟是不是这样呢？

商业模式的确有好坏之分，好的商业模式能使企业得到发展和赢利，并能促使企业脱颖而出，成为行业翘楚；不好的商业模式或不成功的商业模式只能使企业亏本，导致企业步履维艰、难以为继。凡成功的企业必有成功的商业模式。从某种意义上说，企业的商业模式决定了企业的命运。管理学大师彼得·德鲁克就说过："当今企业之间的竞争，不是产品之间的竞争，而是商业模式之间的竞争。"

商业模式的概念最早出现于20世纪50年代，但直到20世纪90年代才开始使用和传播。其实，商业模式是指一个企业的完整的产品、服务和信息体系，包括产品、服务、信息流、销售模式、销售管理，还包括每个参与者在其中所起的作用以及每个参与者的利益和相应的收益关系。

商业模式对应的是什么呢？是多种角色资本、规模、资源、管理，包括的因素比较多。笔者对传统企业有一个描述，大多数传统企业都属于单一经营，比较孤立。现在的新兴大企业早已经展开了综合经营，比如有生产、有销售、有广告、有供销平台（店面或网络）、有物流网络、有社会关系。这是一个综合关系，所以商业模式是一种复杂的结构，也是一个完整的体系。这个体系中间有很多环节，这些环节影响着整个模式的运行。

商业模式是一种以战略为基础的公司管理方法。公司的发展战略一定要结合社会发展趋势、行业发展趋势。所以，一个企业要发展一定要紧跟时代潮流。

那么，商业模式如何管理呢？任何一种商业模式都少不了客户细分、价值主张、渠道通路、客户关系、收入来源、核心资源、关键业务、重要合作、成本结构9个构造块。任何的商业模式新生代，都不过是这些构造块按不同逻辑的排列组合。

商业模式的管理从某种程度上可以被视为一种“另类建筑学”，也就是说，企业在核心战略指导下及核心资源支持下，不仅需要构建具体模式的结构体系——包括企业内部结构和流程重组及与价值网络中各相关部分的关系，还需要构思企业发展的蓝图，即商业模式的赢利方式。通过对构成商业模式组成部分的定义，把商业模式所包含的各个内部及外部对象构建在统一的框架下，经过企业组织有序后，进而形成商业模式的基本形态。

但我们必须记住的是：客户构成了所有商业模式的核心，所有商业模式根本上都来自客户需求的引导，如果你想成为商业模式的成功的管理者，就该盯着新的和未满足的客户细分群体。

有效管理是商业模式的灵魂

知识经济时代，市场环境瞬息万变，消费者需求偏好不断发生变化，企业竞争处于动态变化环境中，这就对企业的持续经营和发展提出了更高的要求。

从商业模式的流程中，我们可以发现一般商业模式的三个特点：资本是运动的；资本在运动中是要赢利的；赢利的过程是要循环进行的。企业一时赢利并不难，难的是持续赢利。而要持续赢利，企业就必须使自己的商业模式有别于其他企业。企业与企业的竞争往往不仅仅是企业之间的竞争，更重要的是每个企业所属产业价值链的竞争，即系统的竞争。因此，企业内及企业外各要素的整合、协调就显得尤为重要。这就需要对企业进行有效的管理，尤其要对商业模式进行管理，只有这样，才能使企业持续地赢利。

1. 资本的管理

资本的运动成效主要从以下两个方面来考量：一是资本的构成情况，如流动资本与固定资本的比率，流动资金、银行存款、短期投资、应收票据、库存和在途货物及应收而未收款的构成等，以此来看资本分布合不合理；二是资金的流动速度，即通常说的资金周转效率。在既定的资本投入前提下，资金周转天数越少，说明资金利用效率越高，否则就越低。

2. 如何让运动中的资本赢利

资本是要赢利的，否则开办企业又有什么意义呢？如果企业的资本运动一圈没有赢利，又怎么能支持企业长期发展呢？企业的赢利模式构成决定了企业的赢利状况。资本运动的绩效可以从企业的损益表反映出来，如净资产收益率等。

3. 如何让资本持续赢利

资本运动要能循环不断、周而复始，如此企业才具有可持续发展的能力。要使资本循环：一要看客户的需求是否源源不断；二要看产品是否能持续生产。也就是说，企业的资金是否有能力支持企业持续不断地生产出产品，满足源源不断的消费需求。

企业的商业模式一般在经历一个相对稳定的竞争阶段之后，会出现一些弊端。如何在发展中改掉这些弊病，过渡到新的、更有竞争力的商业模式，这就需要企业在管理中发挥优势，从研发到生产，从生产到营销，各个环节都有机衔接，用最低资源消耗方式，达成创造价值的效率最大化，只有这种企业内在的逻辑链条，有效运转，企业才能良性发展。

当前最成功的商业模式主要包括5种类别。

第一，资源管理模式。对流入企业或者说被企业占用的资源进行管理。主要是取得并维护企业赖以生存和发展的核心资源（资本、核心团队及无形资产等），以公司的核心竞争力为卖点向资本市场融资。

第二，战略规划模式。相当于企业的神经中枢。在充分把握行业发展趋势的基础上根据可运用的资源，制订企业中长期战略的规划及相应的企业治理结构。

第三，专业化模式。把企业掌握的核心资源转化或配置成一个专业化体系，使企业具备向市场提供产品或服务的能力，同时尽可能地控制成本。

第四，价值创造模式。运用专业化体系为社会提供产品（有形产品及科研成果、文学、艺术）和服务，同时尽可能地提高劳动生产率及产品质量，是企业为社会创造价值的核心。

第五，市场营销模式。向市场推介公司的产品或服务；维护与客户的关系并收集市场信息；企业的营业收入在这个模块实现，回笼资金，取得利润，还获取市场占有率、客户忠诚度、品牌影响力等无形的"资产"。

公司发展战略管理模式

公司战略管理是决策者依据资源和环境对公司的长期生存和不断发展做出的全局性、长远性和系统性的规划，是公司描绘的未来发展蓝图。只有战略正确，公司才有明确的发展方向，公司战略成败的关键在于战略执行力的有效管理。在企业发展中什么都可以出错，唯独战略不能出错。作为一个现代公司，如果没有明确的发展战略，就不可能在当今激烈的市场竞争和国际化浪潮冲击下求得长远发展。

公司战略管理可分为5个层次：公司整体发展方向管理、公司长期发展的规划、公司发展的战略调整、公司各部门的战略管理和品牌经营战略管理。这5个层次的战略都是公司战略管理的重要组成部分，但侧重点和影响的范围各有不同。

发展战略管理关系着公司的现在和未来，公司各层级都应给予高度重视和大力支持，要在人力资源配置、组织机构设置等方面提供必要的保证。

1. 公司整体发展方向管理

公司整体发展方向管理是企业最高层次的战略管理。它需要根据企业的目标选择自身可以竞争的经营领域，合理配置企业经营所必需的资源，使各项经营业务相互支持、相互协调。

制定公司发展战略是实现健康可持续发展的起点。将公司的前途与国家的命运紧密联系起来，立足当前，面向未来，制定切合自身实际又符合市场经济发展规律的公司发展战略。

企业是一个由若干相互联系、相互作用的局部构成的整体。局部有局部性的问题，整体有整体性的问题。企业发展面临很多整体性问题，如对环境重大变化的反映问题，对资源的开发、利用与整合问题，对生产要素和经营活动的平衡问题，对各种基本关系的理顺问题。谋划好整体性问题是企业发展的重要条件，要时刻把握企业的整体发展。

2. 公司长期发展的规划

公司都是有寿命的，只是有长短之分。投资、经营者应该树立“长寿企业”意识。公司的长期发展问题与短期发展问题具有本质的区别。希望“长寿”的公司面临的长期性问题很多，如发展目标问题、发展步骤问题、产品与技术创新问题、品牌与信誉问题、人才开发问题、文化建设问题等。这样的公司更关心未来。预测未来是困难的，但不是不可能的。谁也想象不到未来的偶然事件，但总可以把握各类事物的发展趋势。

3. 公司发展的战略调整

随着市场客观条件的变化，必须不断调整企业发展战略。发展战略在实施过程中不会一成不变，随着系统组成要素的变化以及要素间相互关系的变化，发展战略也要不断修改和完善。或者说企业发展战略不是静态的，而是动态的，所以战略管理要根据变化及时做出调整，使其更加适合企业发展的实际。

4. 公司各部门的战略管理

例如，树叶长在树枝上，树枝长在树杈上，树杈长在树干上，树干长在树根上。在一个公司里，树叶性的问题有成千上万，树杈性的问题有成百上千，树根性的问题可就不多了。这类问题虽然不多，但非常重要。要是树根烂了，任凭你怎么摆弄，树叶也不会再绿。公司总裁要协调好公司各部门之间的关系。关系协调不好，那么即使再发动员工努力奋斗也不会收到成效。

5. 品牌经营战略管理

品牌经营战略是以创立名牌为导向推动公司生产经营活动的一种战略管理模式。当前市场竞争已进入品牌竞争的时代，公司要想在日趋激烈的市场竞争中占有一席之地并不断求得发展，就必须树立自己的品牌。实施品牌经营战略管理模式，有助于巩固已占有的市场，培育自己的无形资产，提高公司的知名度。

为了适应激烈的市场竞争，提高竞争能力和经营效益，企业就必须结合自身特点，制定出切实可行的经营战略。经营者可以根据自己的规模和发展特点选择相应的战略管理模式。

公司组织管理模式

组织管理（Organizational Management）就是通过建立组织结构，规定职务或职位，明确关系，以使组织中的成员互相协调，实现公司目标任务的过程。组织管理应该使组织成员明确组织中有些什么工作，谁去做什么，谁承担什么责任，具有什么权力，与组织结构中上下左右的工作关系如何等。

组织管理是一个系统性的活动，从公司组织管理的角度来看，具体来说，首先需要确定公司所要实现的目标，根据公司目标和内外部环境，划分工作部门，设计组织架构并分解部门职责，进行权责划分；其次划分工作岗位，明确岗位职责；最后通过规章制度建立健全组织结构协调各方面的工作。

公司组织管理的模式主要有以下 4 种。

1. 金字塔式管理模式

在这种模式下，组织特征是具有严格的等级结构和规章制度，底端较大，人数最多，随着等级的上升，人员数量随之下降，呈金字塔状。这种模式的优势是决策权集中，组织架构和层级清晰，但容易造成决策层过多、缺乏组织弹性、决策信息传递失真等问题，一般在传统的劳动密集型、生产制造型企业中得到普遍应用。

2. 职能式组织结构

在职能式组织结构中，组织从上至下按照相同职能将各种活动组织起来。职能式组织结构有时候也被称为职能部门化组织结构，因为其组织结构设计的基本依据就是组织内部业务活动的相似性。当企业组织的外部环境相对稳定，而且组织内部不需要进行太多的跨越职能部门的协调时，这种组织结构模式对企业组织而言是最为有效的。对于只生产一种或少数几种产品的中小企业组织而言，职能式组织结构不失为一种最佳的选择。

3. 事业部管理模式

事业部管理模式或称扁平式组织管理，强调企业内部的沟通、协作与学习创新。事业部制是欧美、日本大型企业所采用的典型组织形式，因为它是一种分权制的组织形式。在企业组织的具体运作中，事业部制又可以根据企业组织在构造事业部时所依据的基础的不同而相应的职责不同。事业部管理模式，管理层级减少，组织信息化，内部灵活性和能动性提高，但对个人要求很高，目前在知识密集型、高素质人才密集型等企业中使用较多。

4. 直线式组织管理模式

该模式以直线制为基础，在公司各层的领导下，设置相应的职能部门。即在直线式组织统一指挥下，增强公司内部管理。目前，直线式管理模式被我国绝大多数企业采用。直线职能式组织结构模式适合于复杂但相对来说比较稳定的公司，尤其是规模较大的企业组织。直线式组织管理模式最大的优点就是管理的直接性和针对性。

公司的组织管理模式，是由公司的发展历程、业务特点、发展战略、文化背景、管理风格等因素共同决定的。采取哪种组织管理模式，需要根据企业具体特点来决定，但这种模式的选择首先应该是理性的，是能够将公司文化与公司的个体充分结合，不是仅仅强调一个方面而忽略另一个方面；其次这种模式更有利于公司和个人的发展，而且这种发展应该是相互协调的。

公司品牌形象管理模式

品牌形象管理的目的是使公司的品牌最大限度地被消费者、公司员工所接受和认可，形成品牌效应，进而占领市场。品牌管理是一个整体的系统，对外需要进行推广宣传，对内则需要进行管理维护。

品牌形象管理的步骤具体来说分为以下几点：

①了解产业环境，明确自己的强项与弱点，决定核心价值。

②形成企业的长远发展目标及可操作的文化价值观。

③建立完善的企业识别，并形成维护管理系统。

④确认品牌与消费者的关系，进行品牌定位。

⑤品牌跟踪与诊断：直接接触消费者，持续记录，建立品牌档案，不断培养消费者的品牌忠诚度。

⑥建立评估系统，跟踪品牌资产，进行品牌评估。

⑦持续不断地对品牌进行投资。

品牌形象管理是建立、维护、巩固品牌的全过程，是一个全方位的管理过程，只有通过品牌管理才能实现品牌推广，最终确定品牌的竞争优势。公司的经营将是产品经营和品牌经营融为一体的商业模式。

公司的品牌管理，不能只是单纯地注重外部的品牌管理。品牌管理，应该两手抓，两手都要硬。如果说公司对外部的品牌管理主要目的是提升品牌的知名度、美誉度、影响力、产品销量等。那对于公司内部而言，品牌管理就是为了使企业内部形成良好的公司文化，并大大增加员工对公司的好感与责任。完善的内部品牌管理可以凝聚内部员工的向心力与归属感，同时，还能大大激发、调整员工的工作热情与工作态度。

我们先通过一个案例来讲解一下品牌的外部管理。欧莱雅作为法国的一个知名化妆品品牌，不但征服了西方人，同样也征服了东方人。这主要得益于欧莱雅深谙品牌管理之道。一直以来，欧莱雅内外兼顾的品牌管理方式被外界啧啧称赞。欧莱雅认为：品牌的价值创造是建立在消费者价值的基础之上的，正是从这个角度出发，欧莱雅不但和外部顾客保持良好的关系，并且在外部顾客中树立了良好的品牌形象。

相信很多人都去过海底捞。同样是火锅，海底捞的生意为什么那么好呢？有些顾客是它绝对忠诚的粉丝，不但自己常来这里消费，并且还经常介绍许多朋友来这里。顾客为什么都愿意来这里消费？除了海底捞火锅的味道独特之外，其员工热情周到的服务与良好的精神面貌成为吸引顾客的一大“法宝”。海底捞给予顾客的绝对是一种近乎宠爱的服务。比如，顾客刚进餐厅服务员就会去为顾客拿包、拿衣服；有客人过生日的时候，服务员会非常真诚地为客人合唱“生日快乐”歌；而门口的等候区，则会有服务员为排队的客人提供擦皮鞋和美甲的服务。如此完美贴心的服务，是他们吸引顾客、宣传公司品牌的根本。许多顾客来到这里之后，真正感觉到了什么是“上帝”。因此，也就不难理解为什么海底捞火锅会有一大批忠实顾客。为了享受这样的服务，许多客人甘愿支付比其他火锅店多一点的价钱。这家连锁火锅店凭借持之以恒地为客人提供贴心服务而声名远播。

据了解，海底捞给员工的待遇也不是特别高。但令人不解的是，在员工流动频繁的餐饮业，为什么海底捞的员工却非常愿意在这里工作呢？海底捞员工的年流动率大约是10%，远低于30%的中国餐饮行业员工的平均流动率。为什么会出现如此低的员工流动率，主要是源于企业对员工的有效管理。在海底捞，每个员工都是企业的品牌形象，同时也是品牌的管理者和维护者，为了留住员工，让员工真情实意地为客人提供优质的服务，就必须同样真诚地对待员工。比如，海底捞对待店长及以上级别的高管，公司会把他们的小孩带到员工所在地的城市上学；所有员工租住配有空调的正式住宅小区，而且距离店面走路不超过20分钟；夫妻俩都在海底捞的，还会让他们单独住在一个房间；公司还专门请保洁工人负责员工宿舍的保洁工作等。这一系列的举措，从根本上改变了员工作为品牌执行者的角色，使其变为品牌的管理者，正是他们以自己的实际行动来维护和管理公司的品牌形象的。

公司内部品牌管理的范围很广，员工的衣着打扮、言谈举止等都是品牌内部传播的“活广告”，必须遵照品牌战略来加强管理。我们不能单单重视领导层、管理层、营销员以及一些常见的“广告语”，因此，加强员工的品牌形象管理是非常有意义的。

公司产品质量与技术管理模式

质量是公司的生命！只有品质优良的产品才能帮企业支撑起市场，并使公司发展壮大。产品的质量是保证企业能够持续发展的基础，影响着公司在市场上的口碑，决定着企业的品牌效应。公司要想长期保持竞争优势，必须依靠不断地创新。技术创新是人类财富之源，是经济发展的巨大动力，一个企业竞争力的强弱很大程度上取决于其技术创新能力的强弱。

1. 质量管理模式

现代质量管理有 3 种模式，即全面质量管理（TQM）模式、GB/T 19001 模式和卓越绩效模式。

（1）全面质量管理（TQM）模式

全面质量管理模式首先是在美国提出的，在日本得以发展，1978 年从日本引入中国。它带来的是质量观念和质量管理方法的转变。比如，满足用户要求，全员参与，全过程管理，用数据说话，始于教育、终于教育等。这些全新的理念和方法不久就在中国的企业中得以运用、发展。但是，全面质量管理模式也存在缺陷：对组织整体而言还没有建立一个完整、系统的体系。也就是说，质量管理模式虽然被提出了、建立了，但是却并未实现全面落实。

（2）GB/T 19001 模式

该模式是从 1987 年版、1994 年版一直发展到 2000 年版、2008 年版的 ISO 9001 模式。2000 年版和 2008 年版全面吸收了 TQM 的思想和理念，克服了 TQM 的一些问题，建立了一个组织以过程为基础的完整的质量管理体系。但是，ISO 9001 也有自身的局限性。比如 GB/T 19001 的目的标准中写得很清楚：它的目的是证实组织具有稳定地提供满足顾客要求和适用的法律法规要求的产品的能力。我们可以这样来理解：一是满足顾客要求，二是满足适用的法律法规要求。但是，它未涉及满足组织、员工、供方和社会的要求，这就是它的明显缺失所在。但是不可否认的是，它为卓越绩效准则模式奠定了很好的基础。

（3）卓越绩效模式

所谓卓越绩效，是指组织通过综合的绩效管理方法，为顾客和其他相关方不断创造价值，提高组织整体的绩效和能力，促进组织得到持续发展和成功。而卓越绩效准则模式既吸收了全面质量管理的理念，又考虑到 ISO 9001 以过程为基础的模式，更加完善和科学。

2. 技术管理模式

技术管理模式用于计划、开发和实现技术能力，完成公司的战略和运营目标。技术管理通常是指在技术行业当中所使用的方法，管理者一般具有较高的技术水平，同时带领着自己所管理的团队完成某项技术任务。技术管理的实际操作当中，强调的是管理者对所领导的团队的技术分配、技术指向和技术监督。管理者用自己所掌握的知识和技能来提高整个团队的效率，继而完成技术任务。技术管理是技术和管理的融合，具有较高的知识含量和技术含量。

现代企业技术管理就是依据科学技术工作规律，对企业的科学研究和全部技术活动进行的计划、协调、控制和激励等方面的管理工作。

企业技术管理模式是整个企业管理系统的一部分，是对企业的技术开发、产品开发、技术改造、技术合作等进行计划、组织、指挥等一系列管理活动的总称。企业技术管理的目的，是按照科学技术工作的规律性，建立科学工作程序，有计划地、合理地利用企业技术力量和资源，把最新的科技成果尽快地转化为现实的生产力，以推动企业技术进步和经济效益的实现。

通过技术管理系统的建立，能够对技术管理的成效进行评价，帮助企业分析技术管理不善的原因，制定改进措施，提高企业技术管理水平，促进企业进步，增强企业的竞争能力。

新技术管理能够带来新需求，并且能够给公司和相关产品带来利润。这正如格力电器董事长兼总裁董明珠所认为的“不是没有市场，而是没有技术，没有创新。如果你保持技术创新，就能保持增长”。

2012 年，格力通过技术管理和技术创新，开辟了新的市场需求。格力双级变频压缩技术开创了双级变频时代。这项技术重新定义了行业标准，大幅提高了能效水平，推动了变频空调和热泵热水器的普及。

在董明珠看来，技术管理会提高产品的技术含量，从而激发市场更新换代的需求，这也是格力能够凭借创新在家电寒冬中继续保持稳健成长的秘诀。作为领先的空调企业，无论家电行业的格局如何变化，只要抓住了人们最本质的需求，并能够通过不断的技术升级和技术创新来满足这种需求，就能够在国际竞争中立于不败之地。

由此可见，技术管理和技术创新是每个行业的主题，技术升级会提高公司产品的质量，有助于品牌的推广和管理，从而增长公司的业绩。

公司人力资源管理模式

人力资源管理模式就是人力资源管理系统，西方的人力资源管理模式主要有哈佛模式、盖斯特模式与斯托瑞模式 3 种。哈佛模式由情景因素、利益相关者、人力资源管理、人力资源效果、长期影响与反馈圈 6 个部分构成；盖斯特模式包括人力资源管理政策、人力资源管理结果、组织结果和系统整合 4 个部分；斯托瑞模式包括信念和假设、战略方面、直线管理与关键杠杆 4 个方面。人力资源管理模式要不断适应外部环境和内部环境的变化，可以从以下几点来制定人力资源管理模式。

1. 员工的招聘计划

在人力资源管理工作中，员工招聘有着重要的意义。招聘工作直接关系着企业人力资源的形成，有效的招聘工作不仅可以提高员工素质、改善人员结构，还可以为组织注入新的管理思想，为组织增添新的活力，甚至还有可能给企业带来技术、管理上的重大革新。

对于企业整个人力资源管理活动来说，招聘是基础，有效的招聘工作能为以后的培训、考评、工资福利、劳动关系等管理活动打好基础。由此可见，员工招聘是人力资源管理的基础性工作。

在开始招聘工作之前，人事管理者通常都会撰写一份人员招聘计划。在撰写的过程中，人力资源部门会根据用人部门的增员申请，结合企业的人力资源规划和职务描述，明确需要招聘的职位、人员、资质要求等因素。然后，制订出具体的招聘活动的执行方案。

2. 激发员工的工作热情

（1）目标激励：通过目标的设置来激发员工主动工作

目标激励就是把企业的需求转化为员工的需求。在员工取得阶段性成果的时候，管理者要把成果反馈给员工，让员工知道自己的努力是否足够，是否需要更加努力，逐渐提高他们的目标。目标管理是一种先进的、现代的管理方法，能有效管理员工绩效、提高员工的工作积极性、改善员工的技能。

清晰的、合理的目标能够激发人的潜能，从而使其创造更优秀的业绩，当目标是自己认可和制定的时候，这种作用更加明显。所以，制定目标有一个原则：目标应当是上级和下级共同制订的，或者说至少是要充分沟通的。

运用目标激励必须注意以下三点。

首先，目标设置必须符合激励对象的需要。要把激励对象的工作成就同其正当的获得期望联系起来，使激励对象表现出积极的目的性行为。

其次，提出的目标一定要明确。比如，“本月销售收入要比上月有所增长”这样的目标就不如“本月销售收入要比上月增长10%”这样的目标更有激励作用。

最后，设置的目标既要切实可行，又要具有挑战性。目标过高，让人可望而不可即；目标过低，影响人们的期望值，难以催人奋进。

（2）发展激励：用公司的愿景吸引员工发挥主动性

调查发现，有将近一半的离职优秀雇员是由于他们看不到希望。由此可见，杰出的管理者一定要善于运用愿景激励方法来激励员工。

企业的愿景是指企业成员所共同持有的意象，也就是让他们对自己要“创造什么”有所认识。它代表着一种共同的愿望与梦想，可以将人们紧密地联系在一起，推动他们顺利地完成任务、达成目标、拓展事业，并在此过程中体现出自身的价值。

企业愿景能够唤起员工的希望，特别是员工们内心的共同愿望。领导者要把远见带进企业，激励员工实现愿景。但一定要谨记，企业并非只是为了拟定愿景和目标，同时也是为了让全体员工获得丰厚的回报。

朗讯公司罗斯先生的职责就是问一问每一位优秀员工有什么愿望，然后根据他们的愿望来制订一个计划以帮助他们实现梦想。在朗讯公司，每一位高层管理者都会与优秀下属沟通，讨论一下哪个方面最有利于员工的发展，然后帮助员工朝那个方面发展。

朗讯公司的管理者们为员工提供了很多发展的机会，比如，让他们参与涉外业务、加入业界联合会等。通过这些做法，可以提高员工的业务能力，发挥他们的创新精神，提高他们的积极性和主动性，这对企业来说非常重要。

任何一家企业都希望员工对企业全身心投入，但他们认为，要想让员工全心全意为企业效劳，就必须了解员工的期望，并设法满足员工的这些需求。这是企业激励员工必须要做的工作。

在用愿景激励员工的过程中，千万不能搞形式主义。真正的企业愿景能够使全体成员紧紧地团结在一起，有利于淡化人与人之间的利益冲突，形成一种强大的凝聚力。如果企业愿景流于形式，只在口头上喊几句口号，虽表面浮华，但员工照样在工作中拖拖拉拉，对企业是有害而无益的。

企业愿景诞生于每个员工的个人愿望之中，是属于全体员工的。只有这样，当员工知道自己在实现企业愿景的同时也是在实现个人目标时，才会看到自己的工作价值。一个好的愿景可以激发企业员工的潜力。

（3）薪酬激励：用薪酬让员工能力资源最大化

为了激励员工，有些企业会采取一定的薪酬刺激，来激发组织成员努力完成一定的工作任务，实现组织目标。广义地说，薪酬激励有两种形式：一是外在薪酬激励，即组织通过提高工资、奖金、福利和社会地位等对员工进行激励；二是内在薪酬激励，即通过工作任务本身来进行激励。研究表明，外在报酬因素虽然不是决定人们工作中表现的唯一主导因素，但是会直接影响员工对自己工作的满意程度，通常都能起到比较明显的激励效果。

有效的薪酬激励要求对组织成员工作绩效进行客观公平的鉴定，并给予应有的薪酬。其实，有效的薪酬激励只是相对于传统的利用工资、金钱等外在的物质因素来促使员工完成企业工作目标来说的，如果能够从尊重员工的“能力”“愿望”“个人决策”和“自主选择”角度出发，就能更好地创造员工个人与企业利益的“一体化”的氛围。

有效的薪酬激励是由以下几个要素构成的。

①岗位技能工资制

基于岗位的技能工资制是岗位工资体系上的创新，形成一种强调个人知识水平和技能，推动员工通过个人素质的提高实现工资增长的一种工资体系。

不同于岗位工资体系，单纯根据岗位本身的特征来决定岗位承担者的工资额，而是将岗位承担者所担任的工作内容和完成工作时能力发挥的程度作为决定其工资高低的关键因素。

在这种工资体系下，公司对知识水平高、能力强的员工的吸引力大大加强，同时也减少了这类员工从公司流失的可能性；另外，也可以激励员工不断提高自身的能力，最终为企业做出更大贡献。

②丰厚的奖金制度

奖金作为薪酬的一部分，相对于工资，主要目的是能在员工为公司做出额外贡献时给予激励。但国内大部分企业奖金在相当程度上已经失去了奖励的意义，变成了固定的附加工资。

③自由式福利制定

在兼顾公平的前提下，员工所享有的福利和工作业绩密切相连。不同的部门有不同的业绩评估体系，员工定期的绩效评估结果决定福利的档次差距，其目的在于激励广大员工力争上游，从体制上杜绝福利平均的弊端。

3. 员工的薪酬管理

员工对公平的感知通常包括三个方面：内部公平、外部公平和分配公平。

在制定薪酬制度时，首先要解决两个基本问题：我们依据什么？我们激励什么？如果这两个问题不能够得到解决，制定的薪酬制度往往就会缺乏激励性。从世界一流的企业在薪酬管理的实践来看，制定激励性的薪酬制度有以下 3 项关键要素。

①职位要素

职位是薪酬管理的基本单位。以职位为基本单位制定薪酬制度的核心是，根据“职位价值”确定职位的薪酬水平。通过职位评价确定职位价值，然后提出职位的任职资格并据此来决定任职者。职位薪酬制度是以“职位价值”而不是以“人”来确定薪酬水平。

②绩效考核

在薪酬制度设计中，关注绩效的实质是关注任职者的贡献度。有些人虽然在非常重要的职位上任职，但是其绩效产生达不到该职位的要求，也不能得到该职位所对应的薪酬。

在薪酬管理中强调绩效的作用，是分配制度的重要转变，即由给“人”发工资变为给“事”发工资。

给“人”发工资，是依据人的自然要素来决定薪酬水平。人的自然要素包括工龄、学历、职称、性别等，这些东西最大的特点就是不可激励。所以，企业要给“事”发工资，激励员工产生更高的绩效。

③市场要素

在职位、绩效上，企业设计薪酬制度还需要关注市场要素，即考察某些职位在市场中的竞争力以及薪酬水平状况。

如果某些职位人才短缺或者任职者需要特殊的专业化技能，企业往往会据此制定特殊的薪酬战略，获取和留住关键职位的员工。因此，市场因素是薪酬制度设计中的一个非常重要的调整要素。

公司营销服务管理模式

营销模式是一种体系，而不是一种手段或方式。目前营销模式一般分为市场营销管理模式和客户整合营销管理模式。这两者的区别是，市场营销管理模式是以企业为中心构筑的营销体系，而整合营销管理模式则是以客户为中心构筑的营销体系。

评价一个公司经营状况的一个关键标准，就是最终的营销业绩（包括销售额、市场占有率、利润、知名度等）的高低，公司的营销力度决定了公司营销业绩的高低，一个公司的成败70%是由公司的战略目标和营销策略的管理决定的。

1. 合作营销管理模式

为了企业的发展，两个或两个以上的企业会联合起来共同开发和利用市场机会，实现资源的优势互补，增强市场开拓、渗透与竞争能力，这就是合作营销。采用这种方式进行合作的时候，主厂商之间会共同分担营销费用，协同进行营销传播、品牌建设、产品促销等方面的营销活动，共享营销资源、巩固营销网络目标。采用这种营销方式，可以使联合体内的各成员以较少的费用获得较好的营销效果，有时还能达到单独营销无法达到的目的。

合作营销要遵循以下几项原则。

（1）合作方互利互惠

互利互惠是联合营销最基本的原则，只有合作各方都能得到好处，联合营销才能顺利进行。

（2）合作方有相同的市场目标

要想收到理想的效果，联合各方要有基本一致的目标消费群体。

（3）合作方的优势互补

产品间、企业间的优势互补，也是联合促销的一个基本原则。

（4）合作方的形象要一致

选择联合对象的时候，要考虑对方市场形象的问题。企业树立自己的市场形象并不容易，一旦选择了不适合自己的合作伙伴，有可能损害甚至破坏自己的市场形象，得不偿失。

2. 品牌营销

最高级的营销不是建立庞大的营销网络，而是利用品牌符号，把无形的营销网络铺建到社会公众心里，把产品输送到消费者心里。

2000 年前后，中国水市竞争格局基本上已经成为定式。以娃哈哈、乐百氏为主导的全国性品牌基本上已经实现了对中国市场的瓜分与蚕食；同时，很多区域性品牌也在对水市不断进行冲击，但是往往很难有重大突破。当时，比较有代表性的水产品有广州怡宝、屈臣氏、康师傅等。

但是，中国水市的竞争主导与主流位置并没有改变。这时候，海南养生堂开始进入水市，农夫山泉的出现改变了中国水市的竞争格局，成为中国水市的第二大品牌，创造了弱势资源品牌打败强势资源品牌的著名战例。

在具体的操作过程中，农夫山泉买断了千岛湖五十年水质独家开采权，还打出了“甜”的概念，“农夫山泉有点甜”成为了差异化的卖点。这个观点通过学者、孩子之口不断传播，农夫山泉的影响力逐渐提高，牢牢占据了瓶装水市场前三甲的位置。

3. 体验营销

体验营销就是从消费者的感官、情感、思考、行动、关联五个方面来重新定义、设计营销理念。有这么一个故事。

一天早上，一对来威尼斯旅游的夫妇来到了圣马可广场的一家咖啡店。在这里，两人一边喝咖啡，一边沉浸在古城最为壮观的景色和喧闹中。结账时，他们才发现，一杯咖啡15美元，而在普通的小餐馆只需要0.5美元。可是，这对夫妻毫不犹豫地结了账单，因为他们认为这杯咖啡绝对值15美元，在小餐馆根本体验不到威尼斯的风情。

其实，除了咖啡和服务，这家咖啡店还给顾客提供了一种最终体验。咖啡店把威尼斯的早晨同咖啡一起卖给了顾客，这种情感的力量，给顾客留下了难以忘怀的愉悦记忆。

这就是体验营销的价值所在！

4. 网络营销

所谓网络营销，就是让客户通过互联网搜索，找到公司的产品，由一个潜在客户变成有效客户的过程。网络营销是以互联网为主要手段进行的，主要是为了实现一定的营销目的。

今天，网络营销已经成为各大公司进行宣传的重要手段，如果不会合理应用网络营销，在与企业竞争时将会处于被动地位。通常来说，一般有以下几种网络营销的方法和技巧。

（1）公司的博客（微博）营销模式

随着网络时代的快速发展，以博客为推手，对自己的企业进行合理有序的广告推广，已经成为好多企业进行营销的方法。

微博有着良好的互动性和沟通性，有利于网民的参与。企业也可以通过企业博客或微博的形式与客户进行交流沟通，增进客户关系，改善商业软环境，拉近与关注人群的距离。

（2）使用免费软件开展网络营销

绝大多数的公司在进行网络营销的时候，一般都是利用免费或收费软件进行的。企业这样做的目的无非是推广自己的产品和服务，软件成本小、效果好，自然可以充分利用。这些软件在网络上都占有一席之地，能够提供强大的搜索功能。

（3）互联网互动式广告营销模式

现在，互联网的发展已经远远超过人们的想象，大家可以通过百度、Google（谷歌）等产品来推广公司。可以利用百度这样的平台，将公司的相关信息及成功案例上传至相关页面，提高企业点击率，从而达到广泛宣传的目的。

（4）区域营销模式

企业可以在一些区域适当举办一些交流会或者产品发布会为自己造势，推广自己的企业或产品。企业的发展是离不开网络营销的，在举办交流会或发布会之前可以先在网上发布消息，以便该区域的更多人了解这些推广活动。

（5）互动营销

这种营销方式主要包括微信营销、EDM（电子邮件）营销、微博营销、博客营销、SNS（社交网站）营销和论坛营销等，可以帮助企业在耗费少量资金的情况下宣传自己企业品牌。缺点就在于，进行互动营销要耗费大量的人力资源。

第二章　商业模式与管理模式的区别

商业模式是棋盘，管理模式是棋子

商业模式和管理模式从各自不同的角度反映了一个公司的经营状况，它们彼此有关联，但也有自己独特的性质。

在企业经营管理过程中有许多模式，如商业模式、管理模式、生产模式、销售模式等。而商业模式所独有的整合性使得其他模式能够共同为其服务，相互适应与协调，保持企业的持续竞争能力。它们从两个不同的角度保证和促进了公司战略目标的实现，所以，商业模式是整体框架，其他模式是模块。

管理模式包括企业发展战略、组织结构、管理控制、企业文化、人力资源管理和业绩管理。管理模式反映了企业的执行机制，是企业为实现其经营目标而组织其资源、经营生产活动的基本框架和方式，是公司实现长远目标的方法和途径。管理模式侧重于对员工间的内在牵制和约束，通过这种机制可以使管理制度、方法、方案等得到很好的执行，有的人将管理模式称为管理系统的运行机理。

而商业模式则是在整个经营管理过程中，描述了企业所能为客户提供的价值以及内部结构、合作伙伴网络和关系资本等用以实现这一价值并产生可持续赢利收入的要素过程。企业要在争取自身最大利润面的基础上协调各方面的利益，此时就要求企业管理层能恰当地平衡各种利益相关方，维持稳定的价值链体系，在协调各方面的关系中形成其管理模式，所以商业模式与管理模式有着不可切割的关联度。

虽然商业模式是形成管理模式的基础，但是管理模式与商业模式还有很多不同的地方，具体表现在：第一，管理模式和商业模式分别从两个不同的层面，完整地描述了企业的经营管理，并且保证了企业战略目标的最终实现。第二，管理模式的重点是企业发展目标的确定和业绩完成的情况，商业模式则是满足客户的需求、为客户创造价值从而实现企业价值最大化。第三，成功的商业模式具有企业内部可复制性，这里所指的可复制性不是与商业模式的独特性相违背的，而是指某一企业的商业模式可以在企业拓展市场领域时（如连锁门店）使用同样的商业模式，即企业内部可复制性。这就在一定程度上降低了管理层的重要性，理想的商业模式是能够达到企业不管谁在操作，只要按照商业模式的设计来实施均可快速复制成功。

企业组织结构与管理模式是否正常运转，会对商业模式的实施产生极大的影响。企业组织结构是企业架构的基本组成部分，包括股东及其权力机构、决策机构、监督机构、执行机构等主体，以及各主体之间关系的制度安排。管理模式则是这些制度安排的关系类型，是保障企业有效运转的基本制度模式。任何公司的商业模式都需要直接依托于一定的组织机构、人员，以及约束机制，才能进入实施阶段。如果没有合理的企业组织结构与高效率的管理模式支持，即使商业模式设计再完美，也不可能获得成功。所以，企业的商业模式需要管理模式的大力支持。

管理模式是企业的执行机制的体现

管理模式是在管理人性假设的基础上设计出一整套具体的管理理念、管理内容、管理工具、管理程序、管理制度和管理方法论体系并将其反复运用于企业，使企业在运行过程中自觉加以遵守的管理规则。从当前的管理环境来看，全球经济一体化以及科学技术的进步是其最为主要的特点，而企业在此管理环境中所面临的市场环境以及竞争压力也发生了较大的变化。现代企业为了有效地应对这些变化并实现自身竞争力的提升，就必然要在企业管理模式方面不断做出创新。

管理模式的形成过程，是以一定的管理理论或者管理思想为指导，结合管理环境的具体情况，采用一定的基本思想和方式，形成一套成型的、能供人们直接参考运用的完整的管理体系，通过这套体系来发现和解决管理过程中的问题，规范管理手段，完善管理机制，实现既定目标。因此，可以将管理模式理解为在管理过程中固化下来的一套（操作）制度系统。

从结构上来说，管理模式是管理方法思路性的、框架性的高度概括，从管理模式上无法看出管理者的具体管理方法、思想。

现代管理就是对人的管理。管理的模式决定了管理的内容，从管理先驱罗伯特·欧文创立企业管理制度开始，到泰勒科学管理理论的产生，再到今天，管理模式经历了多次的变化。其思想特征主要表现为五个方面：一是人本观念突出，注重对人的积极性、创造性激励的管理思想。二是系统观念突出，即注意组织内管理层次、环节、部门、人员之间的相互联系和制约，旨在优化整体功能的管理思想。三是择优决策观念突出，即决策必须是多角度、多因素分析之后的多方案比较。四是战略观念突出，它强调管理行为要高瞻远瞩，管理者要具有超前思维。五是权变观念突出，即管理行为没有放之四海皆准的模式，必须随机应变，灵活调整。

随着世界经济的发展，国际间的竞争在不断地加大，而在此背景下，我国企业管理也面临着很大的挑战与冲击，为了有效地解决出现的新问题，我国企业做出了各种探索和实践，从而使现代企业管理模式呈现出以下特点。

1. 企业管理思想的变革

经济的全球化发展改变了原本的经济格局，当前无论是资金还是技术和设备等都在全球范围内转让和流动，现代企业为了适应这种市场环境全球范围内的变化，其管理内容也不再仅仅局限于某个地区或者某个国家的范围内。

2. 以人为本理念在管理中的渗透

人是企业发展中关键的生产资料，同时也是企业管理中重要的对象与主体，现代企业中的人本管理主要包括情感管理、自主管理、民主管理、文化管理、人才管理等重要内容，同时要求企业能够做到重视激励制度的使用，从而提高企业工作人员的积极性与主动性；增加人才投入，提高工作人员队伍质量；重视民主思想在管理中的渗透，提高管理对象的参与意识；重视企业精神的培育以及企业文化的建设等。

3. 知识与创新成为管理中强调的重点内容

在信息量和知识量快速增长的社会背景下，现代企业已经认识到了将知识作为生产力在促进企业发展中的重要作用。当前以及未来的时间内企业的竞争包括财力和硬件设施的竞争，同时也包括知识与创新的竞争，并且知识与创新在企业竞争中将会产生相对重要的作用。

4. 建立了“四满意”的管理目标

现代企业管理中的“四满意”目标即对员工满意、顾客满意、社会满意以及投资者满意。现代企业已经认识到企业的管理不仅要重视企业股东的利益，同时也应重视其他利益体的利益。随着消费者权益保护意识及环保意识的增强，企业在管理过程中已经开始重新对自身的行为准则做出审视。

企业管理模式的核心，在于如何树立管理模式构建的理念与类型选择。作为商业性企业的市场需求要求企业贴近市场，贴近多元化的客户需求。因此，商业性企业管理模式构建的理念首先应该是“以人为本”，以客户需求为导向，以员工激励为条件，以此塑造企业文化，在此基础上构建企业的管理体系。那么，对于传统企业来说，面临的企业再造及流程优化任务，必须以围绕客户需求的发掘与满足，加强市场反馈信息的传递与沟通能力，进行组织结构调整，重点是“倒置型”结构的建立，保障资源投入以基层为重，以一线为先，实现对企业高、中、基层员工的全面激励，只有这样，企业员工才具有执行力。所以，从根本上说，管理模式反映的是企业的执行机制。

商业模式的核心目标是赢利

商业模式是一种包含了一系列要素及其关系的概念性工具，用以阐明某个特定实体的商业逻辑。它描述了公司所能为客户提供的价值以及公司的内部结构、合作伙伴网络和关系资本等借以实现这一价值并产生可持续赢利收入的要素。商业模式的宗旨就是实现企业赢利。用最直白的话说：商业模式就是公司通过什么途径或方式来赚钱，简而言之，只要是赚钱的公司，就有商业模式存在。

商业模式的核心就是赢利模式，设计商业模式就是设计企业和各利益相关者的交易结构。根据不同交易条件，可以选择固定、剩余、分成三种不同的赢利模式，拓展收支来源及收支方式，创造出新的赢利模式。

另外，对很多企业而言，内部存在多个活动环节和多个部门，它们如何设计彼此间的赢利模式也很重要。

传统内部赢利模式下，企业部门间交易时，一般采取固定的方式。比如，生产部门将产品交给销售部门销售，建立内部销售价，销售部门将产品销售给客户，在内部销售价之上的部分即为销售部门的利润。即生产部门获得固定收益，而销售部门获得剩余收益。这种模式下，假定销售的决定性贡献来自销售部门，生产部门仅仅是配合销售部门而已。

商业模式从商业环境出发，不但积极保持与客户的紧密关系，并增加了对合作伙伴价值网络的构建，这就使各相关利益方恰当处理各自之间的关系。

另外，商业模式从战略出发，先定位（市场、消费者与业务），后设计合理的运作流程和完善的员工管理制度，最终通过赢利模式来实现企业价值。商业模式把整个价值链纳入其中，使得企业的每个业务都要按照商业模式的规划来安排，这就体现了商业模式对企业的指引、监督、推广等职能。商业模式的设计中不把竞争力量考虑其内，这是因为商业模式本身是基于自身企业的发展所建立的，通过不断满足顾客的新需求来扩大市场，从而作为获利的主要途径。

企业商业模式包括赢利模式，它的最终目的是企业赢利。商业模式是一个复合的模式，它还包括企业做什么产品、定位什么样的客户、用什么市场营销手法。也就是说，商业模式是企业通过什么途径或方式来赚钱。

商业模式主要考虑整个企业的持续发展，也可以说企业处于何种利润区是由商业模式决定的。任何企业都有自己的商务结构及其相应的业务结构，但并不是所有企业都赢利，所以，企业要长久并持续的经营就要从模式上创新。

企业运营模式是商业模式与管理模式之和

企业运营模式是对企业经营过程的计划、组织、实施和控制，是与产品生产和服务创造密切相关的各项管理工作的总称。从另一个角度来说，企业的运营管理也可以指对生产和提供公司主要的产品和服务的系统进行设计、运行、评价和改进。运营模式是企业配置资源并借此持续不断地获取利润的方法集合，一般表现为企业提供产品或服务等的方式与途径，如提供产品或服务、营运销售、盈亏衡量、风险管理等诸多经营行为与管理活动。

现代企业的运营模式已从传统的制造业扩大到非制造业。其研究内容也已不局限于生产过程的计划、组织与控制，而是扩大到包括运营战略的制定、运营系统设计以及运营系统运行等多个层次的内容。

所谓企业的资本运营，就是对集团公司所拥有的一切有形与无形的存量资产，通过流动、裂变、组合、优化配置等各种方式进行有效运营，以最大限度地实现增值。

根据市场需求的不断变化。现代企业主要有以下 4 种运营模式。

1. 分工协作经营模式

即把为大企业配套作为企业发展、走向市场的途径。成功的中小企业非常注意避免直接与大企业竞争，而是尽可能地与大企业合作，做大企业发展中必不可少的伙伴。

2. 特许权经营模式

这是连锁经营的一种重要形式。它是指特许经营机构将自己拥有的商标、产品、专利和专有技术等，以特许经营合同的形式授予被特许者使用，被特许者按合同规定在统一的业务模式下从事经营活动并支付相应的费用。

3. 利基经营模式

作为中小企业，大多是市场补缺者。作为市场补缺者，他们应精心服务于市场的某个细小部分，不与主要竞争对手竞争，通过专门化经营来占据有利的市场位置。

4. 虚拟经营模式

全球经济正在发生一场由物质型经济向知识型经济的深刻转变。知识和信息通过对传统生产要素即资本、劳动力和土地等自然资源的整合和改造，为企业的发展创造了一种新的经营模式，即虚拟企业经营。

企业的战略因素决定了管理模式的长期生存能力，而战略的决策方向与实施则取决于商业模式的设计。一定的商业模式决定了相应的战略取向与实施路径。如果企业的管理模式与该战略不相匹配，那么，经过一段时间以后，客观形势必将逼迫企业管理模式做出相应的调整与改进。所以，企业的商业模式对其管理模式的运行会起到不可忽视的影响作用。同时，为实现战略而开展的各种商业模式活动，如营销活动等，均需要一定的管理模式与其适应，如此才能顺利推动这些执行活动的顺利实施。

因此，运营模式包括了商业模式与管理模式，是二者之和。企业的商业模式与管理模式之间是辩证统一的关系，二者相互影响，互为支持。其中，商业模式决定了企业的发展方向，是企业发展的“灵魂”；而管理模式则构成企业运营的基础框架，是企业的“骨骼”，对商业模式的贯彻实施起着基础性的支撑作用。也就是说，如果没有商业模式的创新及有效发展，管理模式不可能长期持久成功；反之，如果缺乏管理模式的支持，商业模式的实施效率将会大打折扣，以至于失败。因此，中国企业的改革与发展，一定需要商业模式与管理模式的齐头并进，以商业模式的创新改进为导向，以管理模式的变革与提高为支持，共同促进企业经营模式的转型与推进，二者不可偏废。总之，中国企业经营模式的创新与发展，必须由商业模式与管理模式的改进与变迁共同组成。

商业模式是企业的基础结构

商业模式是一个企业满足消费者需求的系统，这个系统组织管理着企业的各种资源，比如，资金、原材料、人力资源、作业方式、销售方式、信息、品牌和知识产权、企业所处的环境、创新力等，可以给消费者提供无法自力而必须购买的产品（服务）。

1. 商业模式的特征

商业模式有两个比较明显的特征：

一是商业模式是一个整体的、系统的概念，而不仅仅是一个单一的组成因素。如收入模式（广告收入、注册费、服务费）、向客户提供的价值（在价格上竞争、在质量上竞争）、组织架构（自成体系的业务单元、整合的网络能力）等，这些都是商业模式的重要组成部分，但并非全部。

二是商业模式的组成部分之间必须有内在联系，这个内在联系把各组成部分有机地关联起来，使它们互相支持、共同作用，形成一个良性的循环。

2. 商业模式的基本元素

通常来说，优秀的商业模式至少要包含以下基本元素。

（1）价值定位

所谓价值定位，就是公司所要填补的需求是什么，或者说，要解决什么样的问题。

做价值定位的时候，必须明确这样一些问题：如何定义目标客户？客户的问题和痛点是什么？独特的解决方案怎样？从客户的角度来看，这种解决方案的净效益如何？

（2）目标市场

所谓目标市场，指的是公司打算通过营销来吸引的客户群。

公司一般都是向他们出售产品（服务），在这个目标市场，要有具体的人数统计和购买产品的方式。

（3）销售和营销

营销是公司的先头兵，现在最流行的方式是口头演讲和病毒式营销，可是仅凭这两种方式来启动一项新业务远远不够。在销售渠道和营销提案上，要做得具体一些。

（4）生产

常规的做法主要包括家庭制作、外包、直接买现成的部件。其中，最关键的问题是——进入市场的时间和成本。

（5）成本结构

公司一般都会关注直接成本，而低估了营销和销售成本、日常开支和售后成本。在计算成本时，可以把预估的成本与同类公司所发布的报告进行对比。

（6）竞争

在一定程度上来说，没有竞争者就没有市场；可是一旦出现 10 个以上的竞争者，就说明市场已经饱和。

（7）市场大小、增长情况和份额

需要明确这样几个问题：创业公司产品的市场有多大？是在增长，还是在缩小？能获得多少份额？

通过以上对商业模式内涵的介绍，我们可以看出商业模式是企业的基础结构，是企业得以运行的框架，如果没有商业模式的存在，企业发展也就无从谈起了。

第三章　总裁在商业模式制定与执行中的角色定位

新商业时代下不懂商业模式的总裁举步维艰

新商业经济的竞争随着市场的发育、成熟越来越激烈。几乎每一个产业领域都有许许多多的企业在共同分食着市场份额。于是，企业开始追求差异化。差异化表现在很多方面，而差异化的核心就是构建不同的商业模式。

不同规模的企业，不同状态的企业，不同行业的企业，不同类型的企业有着不一样的商业模式，但又遵守着许多共同的商业规律。因而，商业模式永远是共性中有个性、个性又符合于共性的。

创业型企业最重要的是在创业前一定要先设计好商业模式。这是中国创业者们最容易忽略的一关。由于创业冲动，许多创业者只考虑投资创业的两大要素：钱和事。要么拿钱找事，要么拿事找钱。至于有了钱又有了事后怎么能够成功地赚来更多的钱，往往是讨论不够，分析不够，经常导致血本无归。即使很多后来侥幸成功的企业，也是在稀里糊涂成功以后，才认真琢磨商业模式的价值。

企业总裁应该从以下几个方面去分析商业模式，而并不是简单地做可行性分析报告。

第一，要看投资或创业的企业是制造业、流通业，还是服务业。如制造业的基本商业模式是“供应—生产—销售”，服务业的基本模式是“采购—销售”。

第二，要研究市场，即研究企业生产、服务的产品市场有多大，在哪里，企业市场是为哪个层面的客户提供服务的，即产品定位。

第三，要研究竞争对手，即在自己的地区、自己的市场、自己的产品（服务）、自己的客户群体内，有哪些竞争对手，这些竞争对手有什么优势，有什么劣势。

第四，根据外在分析，创业者设计创业的商业模式。

国内著名的白酒品牌“金六福”的商业模式就非常独特。公司总裁分析中国白酒市场，发现白酒市场已经非常成熟，群雄纷争。一些著名品牌长盛不衰，假冒伪劣品打也打不倒，新创品牌此起彼伏。如果用传统商业模式投资建窖地、做配方、发酵、酿酒、出售、占领市场、打出品牌，会有很大的风险，不仅投资量大、投资周期长，而且其并不擅长白酒的生产、经营、管理。于是，他采用“借鸡生蛋”的商业模式，踩着巨人的肩膀，与中国白酒第一品牌五粮液合作。自创品牌又不自己生产，只在营销上下功夫，从而建立了庞大的销售体系，获得了巨大成功。固定资产连一家小酒厂的规模都达不到，却拥有年20亿元的销售额。

企业一般来说都有自己的商业模式。刚形成商业模式的时候是企业最为关键的时候。许多领导者由于找不到突破口，长期徘徊在一定的销售规模，甚至出现亏损、失败。这期间作为公司的领导者最重要的就是要找创新的商业模式作为突破口。首先是看自己的企业，这阶段的产品或服务是区域性的还是全国性的。如果市场是区域性的，公司决策者必须研究同一区域与自己同一规模的企业，看这些企业的商业模式与本企业的商业模式的异同。吸取别人的优点，找到别人的缺点，创造性地改造自己的商业模式。或许，就可以获得成功。

总裁格局关乎商业模式的创新与变革

新时代的来临，在全面、激烈的市场竞争中，企业的生存压力越来越大，各种问题相继出现，例如公司领导者精神的缺失、战略缺位、盲目多元化、低信用危机、企业短命现象、无视社会责任等，企业生存危机加重，与竞争企业的差距逐渐拉大……

公司领导者的影响力是改变企业命运的决定力量，他们的格局直接影响到公司的发展，他们的个人领导力影响并改变着企业员工的态度、价值观、信念或行为的能力，同时促进企业商业模式的变革。公司领导者的影响力是领导者与员工互动的结果，在企业组织内部表现在企业愿景目标、战略决策、经营运行、员工行为、企业文化等方面，在企业组织外部表现在企业社会责任、企业品牌、生活方式、价值观取向和政府行为影响等方面。从实际效果看，企业被领导者能动地依据自己的认识和需要去接受或抵制领导影响，使得领导者个人的职务与影响力并不成正比，领导者职务提升，权力影响必然扩大，但个人影响力并不一定随之提升，甚至因道德或其他原因而失去威信和号召力。

在促进企业商业模式创新和变革中，领导者所起的作用如下。

1. 权力性影响力

权力性影响力是随领导者的职位而产生的，也就是说，由于领导者担任了某项职务，他就有了相应的职权，这种职权一般称为“位置权力”或“地位权力”，它带有强制性，下级不能随意不接受他的领导。构成权力性影响力的主要因素有传统因素、职位因素、资历因素。一般存在于担任某项领导职务之前。不论谁当领导都可能有这样的影响力。这类影响力使人们心理上产生敬重感、敬畏感、服从感，其核心是“权力”。

2. 领导者的格局

构成领导者格局的因素有品格因素、才能因素、知识因素、感情因素。

一是品格因素。主要包括道德、品行、作风等。二是才能因素。一个人的才能不仅仅反映在他能否胜任自己的日常工作上，更重要的是反映在工作结果是否成功上。一个高才多能的领导者，能给组织或团体带来蓬勃向上的生机，并使人们产生一种信赖感，即使在非常困难和极端危急的情况下，也会使大家同心同德，团结奋斗，从而大大增强影响力。三是知识因素。知识是一个人最宝贵的财富，它本身就是一种力量，而且是科学赋予的力量。一个领导者有了丰富的知识和突出的专长，不仅在工作中可以运用和发挥自己的知识和专长，而且还会与被领导者有较多的共同语言，增加心理相通，使人们产生一种归属感，从而转化为影响力。四是感情因素。一个领导者有了良好的群众关系，就会如鱼得水，从而扩大影响力。

由品格、才能、知识、感情等因素构成的影响力，是产生于担任领导干部之后，而且领导者通过其行为方式、道德水准和精神面貌体现出来的内在素质，它是具体的、生动的、可感的。随着企业改革的不断深入和企业商业模式的不断创新，企业的凝聚力和创新力必然不断增强，因此，领导者个人的魅力在企业商业模式的创新和应用上起着决定性的作用。

商业模式是总裁运用战略构造价值链的方法

商业模式的本质是什么？是价值链。价值链是企业运营过程中一系列关键活动的组合，而企业的运营过程就是由若干条不同的价值链所组成的。通过对价值链的分析，我们不仅可以看到企业整体的价值是如何体现的，更可以看到企业内部每一项关键活动的价值。

创新价值链框架要求管理者把从创意转化为商业产品的这个过程视为一个完整的活动流，具体可分三个阶段：第一个阶段是创意的产生。创意可以在公司某个业务单元内部、不同业务部门之间或者在公司外部产生。第二个阶段是创意的转化，更具体地说，就是筛选出值得投资的创意，把它们开发成产品或者服务。第三个阶段是推广这些产品和方法。

下面，我们通过对大连万达的分析，来看看商业模式是怎么体现出魅力的。

万达的老总王健林是四川人，他年轻的时候当过兵，有军人的作风。他从团职干部转业，转到大连的一个局，做办公室主任。在地方干的时候，他发现房地产行业做得很火，于是就勇敢地涉足波澜壮阔的房地产行业。

王健林在大连一个非常重要的转型就是做房地产。在做房地产的过程中，他果断地抓住了一个机会，赞助大连万达足球队，这叫大品牌运作。因为他赞助了大连万达足球队，所以很多人因为足球队知道了有一个企业叫万达。

王健林做房地产，选择了对原有房地产商业模式的创新，创新不是你做什么我做什么，而是你不做什么我做什么。当所有的房地产商都学会了把房子盖完了卖掉的时候，王健林就想到，把房子盖好了卖掉，它的收益只有一次。这在生物学中叫“不可再生资源”。王健林就意识到，要把不可再生资源变成可再生资源，它的价值才会体现出来，而不是出手，特别是像房子这类只能卖一次的资源。

为什么要把建好的房子卖掉呢？因为要把成本收回来。王健林觉得万达建的商铺不能卖掉，卖掉以后就没有机会了。既然房子是不可再生资源，那就不仅要占有，而且要规模化、产业化，用商业化模式去运作它，使它形成一个产业链，这样他就完成了对原有房地产商业模式的创新，使万达集团的财富不断得到积累。

许多领导者都希望找到改善和创新原有商业模式的良方，而市场上也不缺改善创新的案例，可是，就像最强力的止痛剂也治不好骨折一样，简单地引进最流行的管理方法也不可能触及产生问题的根源。要想真正解决问题，公司必须剖析现有的创新流程，准确地找出自己面临的具体困难，进而寻找解决的方法。

商业模式是总裁实现企业竞争优势和赢利的最佳方式

每个成功的企业都有自己的核心竞争力，正是因为有了核心竞争力的存在，企业才能长盛不衰。在打造价值链的过程中，也要发现自我不同的核心竞争力。

而商业模式是企业创造价值、销售价值和传达价值的方式。商业模式是一种包含了一系列要素及其关系的概念性工具，用以阐明某个特定实体的商业逻辑。

核心竞争力是企业竞争力形成的基础和前提条件，主要是由企业自身所拥有的竞争优势所决定的。企业在发展过程中，在产出规模、组织结构、劳动效率、品牌、产品质量、信誉、新产品开发，以及管理和营销技术等方面，都会有自己的各种有利条件，要想让自己具备一定的竞争优势，就要将这些有利条件构成一个整体。

1. 企业竞争优势的类型

概括起来，企业的竞争优势共有五种类型：

①成本优势——是降低成本的原因和条件，能够使企业更廉价地提供产品（服务）；

②增值优势——能够使企业创造出更吸引人的产品（服务）；

③聚焦优势——能够使企业更恰当地满足特定顾客群体的需求；

④速度优势——能够使企业比竞争对手更及时地满足顾客的需求；

⑤机动优势——能够使企业比竞争对手更快地适应变化的需求。

2. 如何实现企业的竞争优势

在市场经济竞争浪潮中，竞争优势是企业提高经营绩效的核心。今天，市场竞争越来越激烈，要想在竞争中生存和发展，企业必须通过坚持不懈的努力，打造出自己独特的竞争优势。那么，如何实现这一点呢?

（1）培育和发展核心能力

核心能力是某一组织内部一系列互补的技能和知识的结合，可以使一项或多项业务达到竞争领域内的一流水平。

根据核心能力的这些基本特征，企业要想培育和发展核心能力就要从以下几个方面着手。

①集中企业资源从事某一领域的专业化经营，逐步形成自己在经营管理、技术、产品、销售等方面与同行的差异。

②将核心能力定位在价值链上的“战略环节”。企业进行的经营活动，并不是每个环节都创造价值，要想打造自己的竞争优势，就要在某些最能创造价值的战略环节上下功夫，这才是最重要的。

③积极打造人力资本。企业核心能力对人才有高度的依赖性，

必须高度重视培育和积蓄企业的管理、专业技术、市场开发等人才。

（2）品牌的创立与推广

成功的企业通常都把品牌开发视为企业的生命，在知识经济条件下，进行品牌建设的时候就要突出以下一些要素，如下表所示。

品牌建设要突出的要素

要　素	说　明
品牌特色	产品的品牌如果没有深层、明确、具体的内涵和个性，就很难使消费者接触品牌时产生应有的联想。要想提高品牌的知名度和市场占有率，就要以独特的形象和价值来赢得消费者的好感和认同。企业在选择市场的时候，不仅要注意产品差别化，还要设计和创造出与市场同类产品有明显差异、有自身特色和竞争优势的产品
品牌忠诚度	竞争中，产品会不时面临替代品的挑战、潜在进入者的挑战、竞争对手的挑战。因此，企业必须拥有一批忠实的顾客，如此才能保证企业具备独特的营销竞争力。为此，企业要努力提高自己产品品牌的忠诚度，比如，始终保持高质量等
品牌的文化含量	事实证明，品牌的文化底蕴越丰富，越与人们的思想、情感有关，就越具有魅力。因此，企业在对商品的构思、设计、造型、商标、广告等方面都要赋予一定的文化特色

（3）率先进入市场

进入市场的先后次序对企业产品占领市场份额和分享市场权力具有重大影响。领先者不仅可以获得在许多领域内按有利于自己的原则确定竞争规则的机会，还可以树立起行业开拓者的形象。

（4）创新

当今世界，在信息化背景下，创新的作用得到空前强化。创新，是企业永葆竞争优势的生命源泉。经济学家认为，创新是一种赋予资源以新的创造财富能力的行为。

企业创新包括很多方面，其中人力资本是核心，技术创新是重点。企业之间的竞争，最直观的体现是企业产品间的竞争。企业只有快速适应消费者需求的变化，不断推出更新换代的优质产品，才能获得竞争优势；而产品的创新则需要依靠技术的创新来推动，我国海尔等企业成功的关键之处，就在于他们形成了以技术创新为基础的核心竞争能力。

赢利模式就是企业通过怎样的模式和渠道来赚钱。商业模式就是企业通过什么途径或方式来赚钱。

企业赢利模式主要指企业所选择的交易对象、交易内容、交易规模、交易方式、交易渠道、交易环境、交易对手等。任何企业都有自己的商务结构及其相应的业务结构，但并不是所有企业都赢利，因而并不是所有企业都有赢利模式。

设计商业模式时，总裁必须考虑内外环境的分析

企业在不同的阶段要采取不同的策略，这就要求企业的管理者也要根据企业所处的阶段对自己提出不同的要求。就像做母亲一样，你要知道和年幼的儿子怎么相处，和结了婚的儿子怎么相处。很多母亲不能根据儿子所处的阶段对自己提不同的要求，结果把儿子当成丈夫来对待。所以儿子结婚了以后，她对儿媳妇特别挑剔。有时候她晚上睡不着，就进儿子的房间，去帮他盖盖被子，去看他睡得好不好，结果把儿媳妇吓得半死。这不是个例，生活中就有一些这样的母亲，她们对儿子有着强烈的依赖性。这种情况下，婆媳之间就会出现很多矛盾。经营企业也是一样，企业做到一定程度，从媳

妇熬成婆，你就不能再用创业之初的方法去经营。

以前，我们生活在相对闭塞的世界里。现在，随着时代的发展，我们需要具备更多的能力。比如卖菜，过去，你把菜挑到路边一摆，卖完回家就行了，不用到工商登记，不要财务报表，也不需要交税，还没有城管来查。有人来买，你把菜一称，收完钱，交易就结束了。现在不行，你得经过审批，得报工商，想做大还得和银行、税务打交道，麻烦事情很多。也就是说，我们原来生活在一个简单的世界里，可以用简单的方法面对周围的世界，但是现在，我们走进了一个复杂的世界，一个高度分工的世界，一个有序管理的世界。生活在这个世界里，我们就要适应这个世界的各种要求，不断应对外部环境的变化。

新环境、新技术革命背景下如何设计企业的商业模式?

新时代的发展大潮是新环境、新技术革命不断更新的大背景，在这个趋势下，无论是传统企业还是高新技术企业，纷纷追求健康可持续的发展，其创新商业模式是必要的。对于已经成熟的企业来说，引入新的商业模式会让企业保持持续的变革和创新能力，为企业带来活力和新的赢利点。精心设计商业模式是创业成功的良好开端。基于现代信息技术精心设计的商业模式将使企业在低运作成本上健康运行。因此，创新的商业模式设计无论是对于已经具有自己成熟商业模式的企业，还是对于新创企业都具有重大意义。

著名学者 Schweizer Lars 提出的维度概念，认为商业模式是由 3 个维度构成的，即价值链群、商业模式创新者和配套资源所有者的市场势力、价值链条上总的收益潜力。

这 3 个维度分别决定商业模式的 3 个关键问题：价值是如何被

创造出来的、企业如何才能创造出持久的竞争优势和如何赢利。

创新的商业模式不但可以应用于高技术行业，由于商业模式本身所具有的共存性和兼容性，也可应用于传统行业。

以往对价值创造来源的回答大多数是基于完成任务式的回答，注重的是为了完成特定的价值创造需要遵循什么样的步骤。在这里，价值创造成为了一个可系统化的动态的概念，涵盖了以一系列价值链群上的产品为中心的活动和流程。与传统的价值链以企业为单位创造价值不同，这个商业模式的价值创造是以一个比企业更为广阔的视角来看待价值创造，它涵盖了众多不同的企业和不同的行业，打破了价值创造的界限，给商业模式的重要方面——价值创造带来了新的启示，商业模式可设计化的价值创造的观点，也更符合商业模式创新的现实。

企业创造持久竞争优势的关键在于商业模式的创新和对内外环境分析以及对资源的合理利用。所有商业模式的概念都非常重视不同企业之间的关系，就是所谓的外部环境，这被认为是为了完成商业模式设计非常必要的一环。作为商业模式的创新者，企业还要将这个价值链与实际不同行业的配套资源所有者联结起来，形成一个市场化的链条。在商业模式创新设计中，确立和发展资源和能力对于企业保持长期竞争优势非常重要。

创新商业模式的形成总是把价值创造放在首位，而商业模式总的赢利潜力在于每个产业自身价值链的长度。一个公司涉足的产业链条越长，它的赢利潜力也就越大。在这个维度里，客户导向被认为是商业模式的基础，这将决定客户是谁，它们将如何被满足。

1. 高新技术企业商业模式设计

信息技术的发展对大规模生产方式产生了革命性冲击，数字化网络改变了生产者的统治地位。虚拟世界的出现，电子商务的崛起，外部环境变得越来越成熟。消费者重新加入生产之中，传统的价值链在信息技术、网络技术的冲击下被不断地解构和重新整合，从而形成了更小层面上的价值链。而高新技术企业对新的技术领域的探索，不但创造了新的市场和行业，还让不同的行业和资源平台开始整合，并形成了新的价值链。Google（谷歌）的关键词检索、腾讯QQ的QQ秀业务等都是高新技术企业价值链创新的代表。高科技行业，尤其是信息技术类行业是新的价值链创新的最有潜力的领域。

毫无疑问，在创造新的价值链方面，高新技术企业是很有优势的。因此，高新技术企业在进行创新商业模式设计时应该把更多的设计重点放在市场势力和总的赢利潜力的拓展上，主要表现在对新技术掌握的优势。大多数高新技术企业都处在新的领域，供应商、法律法规、配套资源的完善程度等不能与传统行业的企业相比较。与已经创立多年的传统企业相比，更多的高新技术企业只是处于初创阶段，在品牌忠诚、品牌认知和客户资源方面都不占有优势，在新的价值链条上的市场势力还有待加强。因此，高新技术企业应该在技术优势的基础上，把着眼点放在资源的占有方面。资源的占有可以是关系资源，也可以是客户资源。例如，阿里巴巴推出的支付宝和诚信通这两个产品就是在对客户资源的抢先占有的基础上来延展市场势力，并获得商业模式成功的。其中免费的体验式营销成为高新技术企业抢占客户资源、赢得市场势力的有力武器。

2. 传统企业商业模式设计

在传统企业商业模式设计中，对比高新技术企业，以零售业、银行业、制造业为代表的传统行业的企业，其优势主要体现在强大的市场势力方面。传统行业的企业所占据的资源主要是比较成熟的市场环境、行业体系，以及自身的品牌、供应商、客户等方面的资源。

沃尔玛的零售融资业务、运动类产品在中国沿海地区的 ODM（原始设计制造商）制造模式等都是传统行业中的企业进行价值链创新的代表。沃尔玛在零售的整个价值链条上，分解出零售融资这一环节，延长了价值链，增加了赢利潜力。而中国沿海地区的运动产品，尤其是运动鞋的 ODM 制造模式，则是突破了以往的 OEM（原始设备生产商）制造模式，把运动鞋的设计环节，一个有着非常大的赢利潜力的环节纳入新的价值链体系当中，从而设计出了新的商业模式。按照新的商业模式，国外的销售厂商只需要到 ODM 厂商那里选择已经生产好的款式的鞋子就可以了，而不必再组织和维护自己的设计队伍，这极大地降低了国外名牌运动产品厂商的运营成本，从而获得了成功。

在商业模式的设计中，传统行业的企业和高技术领域的企业是相同的，关键在于价值链的长度和跨度。在电信、网络、数字化、信息化竞争激烈的背景下，如果传统企业只是基于自身行业进行价值链的解构和整合，企业会发现自己的边际利润率越来越小，赢利潜力也越来越有限，难保其长期竞争优势。因此，解构和整合价值链成为传统行业企业增加赢利新潜力和创新商业模式的首要任务。

应该融合高技术因素，比如网上银行和手机支付，让支付方式变得简单，使新的市场环境下的商业模式创新设计成为可能。

3. 制造业新商业模式设计思路

制造业是我国国民经济的支柱产业，也是我国经济增长的主导部门和经济转型的基础。作为经济社会发展的重要依托，制造业是我国城镇就业的主要渠道和国际竞争力的集中体现。

从2008年工业统计数据中可以看出，经济增长率高的还是基础能源部门，例如，燃气生产和供应业、煤炭开采和洗选业、非金属矿物制品业、农副食品加工业和有色金属冶炼及压延加工业等。而文化科技含量较高的制造业，例如，文教体育用品制造业、电气机械及器材制造业、通用设备制造业、交通运输设备制造业、高新技术制造业、通信设备、计算机及其他电子设备制造业、化学原料及化学制品制造业、电力热力的生产和供应业等则相对落后。这是因为：我国制造业技术开发与技术创新能力薄弱；国有经济比重过大，企业缺乏活力；管理机制、管理思想落后；市场机制不完善，竞争不完全。造成这一系列问题的根本原因就在于我国制造业商业模式落后。

西班牙品牌Zara（飒拉）在零售终端以其独特的商业模式制胜。Zara定位中端，选择最好的地段建立旗舰店，规模相当于小型购物商场。顾客在店内可以随意挑选、试衣，该店为消费者特别是追求个性的年轻人带来了一种独特的购物体验。

由Zara带来的商业模式引发了业界的深思。而世界著名代工企业富士康已由传统代工逐渐转向一站式服务。

1988年，鸿海精密在中国大陆成立富士康，如今已经20多年了，随着富士康日益发展壮大，其代工模式一直没有发生大的变化。2010年上半年，富士康爆发“坠楼门”，13位年轻员工殒命，富士康被推上了舆论的风口浪尖，由此引发了中国经济发展模式的深层次大讨论，导致低附加值的企业代工模式受到了严重的挑战和质疑。2011年随着国家经济转型战略的出台，富士康开始了从深圳向中国内地的产业大转移。然而，富士康工厂自沿海内迁，并不代表代工模式的转变，随后爆发了太原工厂工人大规模群殴事件、郑州工厂员工与保安冲突事件、烟台工厂的童工事件等，除了自身弊端外，大陆经济环境发生了很大的变化，人力、原材料等成本上涨，而客户的利润率翻番上涨，富士康的利润率却从6%下降到2%。在企业成本高压力下，其毛利率被不断压缩，2012年年一季度其营业利润率跌破1%，仅0.9%。这迫使富士康这家全球最大的代工企业不得不考虑改变企业的转型升级之路。

在2012年年底召开的“2012智能终端及移动行业应用创新峰会”上，富士康（成都）移动终端事业部总经理龚鹏表示，针对移动互联网市场，富士康会提供一个移动互联网完整的解决方案和一站式服务，包括私有云、行业应用商城、行业应用App（应用程度）、行业定制终端、运营商资费套餐、资金物流平台等，更多关注行业和企业级的应用而不是消费类的公开市场。

富士康作为中国众多代工企业代表，因其在内地的庞大规模使它的转型升级之举影响深远，代表了中国代工模式的发展方向，也说明了转型升级，转变发展方式成了中国众多中小型代工企业必然要面临的选择。我国制造业可以根据外部环境的变化，调整生产模式，探索赢利方式来设计适合的新商业模式。

4. 连锁企业商业模式的设计

我国连锁企业有很多快速做大做强的例子，例如，汽车租赁行业的神州租车；酒店业的如家、汉庭；家电零售行业的苏宁电器等。他们在各自的领域中都取得了成功，成为了行业领袖。在他们成功的背后，有着一个共同点，那就是成功的公司都是帮助客户解决了某些问题，使客户获得了某种利益。

海底捞产品的特色是极易模仿的，市场上很多火锅店都打出同样的概念，然而消费者对海底捞还是趋之若鹜，究其原因，顾客在海底捞能真正找到“上帝的感觉”。

等待，原本是一个痛苦的过程，但在海底捞却把这种痛苦变成了一种愉悦：手持号码等待就餐的顾客一边观望屏幕上打出的座位信息，一边接过免费的水果、饮料、零食；如果是一大帮朋友在等待，服务员还会主动送上扑克牌、跳棋之类的桌面游戏供大家打发时间；顾客可以趁等位的时间到餐厅上网区浏览网页；还可以来个免费的美甲、擦皮鞋。待客人坐定点餐的时候，围裙、热毛巾已经一一奉送到眼前了。服务员还会细心地为长发的女士递上皮筋和发夹，以免头发垂落到食物里；戴眼镜的客人则会得到擦镜布，以免热气模糊镜片；服务员看到你把手机放在台面上，会不声不响地拿来小塑料袋装好，以防油腻……

这就是海底捞的粉丝们所享受的“花便宜的钱买到星级服务”的全过程。毫无疑问，这样贴身又贴心的“超级服务”，经常会让人流连忘返，一次又一次不自觉地走向这家餐厅。

好的优秀的赢利模式，就是尽可能地吸引更多的未来的现金流入。比如，众多连锁企业推出的储值消费卡，就具有“提前拿到客户消费资金”的作用；而一些零售连锁企业也通过“月结”“批结”“铺底”等结款方式和付款账期的设定，成功推后了资金付出时间，打造出了良好的现金流。

所以，在设计商业模式时，要综合考虑怎样才能使投入最少，以及如何获得更多的利润，甚至是未来的现金流；而且，要控制现金流的结构。

5. 房地产行业创新商业模式

为了寻求长期的生存和发展，房地产企业需要不断地探索适合自身发展的稳定增长获利途径，并据此构建完善的系统以增强核心竞争力。行业内的领先者已经开始了商业模式的探索和研究，并且在经验积累基础上逐步进行战略的调整和业务转型。在这个过程中，商业模式得以不断创新，万达地产就是这当中的典型案例。

几年前说到万达，人们想到的是万达足球，但随着万达广场从大城市向三四线城市的迅速布局，它已经成为中国最大商用物业持有者，万达广场也晋升为中国商业地产第一品牌。

万达模式是如何打造的？这就要看万达三代产品的进化史。

（1）万达第一代产品——单店模式

万达的第一代店是在2002—2004年建造在繁华商圈内的，包括济南、长沙、南昌、长春、南京、青岛、沈阳等店。万达当时奉行“唯地段”的选址标准。一代店的特点是：单店建筑面积在5万~6万平方米；一层散售；二三层主力店是沃尔玛，顶层主力店一般考虑红星美凯龙。由于这些一代店一层都销售了，带来的后果就是直到今天，一楼的经营也是良莠不齐。当时的招商是为填满而招商，业态互补性不强，入驻的红星美凯龙经营一般，而且对商业人流贡献不大。

（2）万达第二代产品——纯商业组合店模式

万达管理层在总结了一代店的开发经验（一代店商业体量太小、太单一；公司运作一个万达广场，1~2年下来，只有很少的资产留在手上，大部分资金都沉淀在土地和建安成本里）之后，二代店组合店由多个单体店组成，面积10万~15万平方米。考虑到红星美凯龙货运物流对人流冲击大，故而引入华纳院线。同时多店引进百货，如武汉大洋百货，南宁、大连、沈阳的百盛百货。通过百货和院线的组合，吸引人流。

（3）万达第三代产品——城市综合体

当第二代万达产品暴露出了市场的不适应性之后，万达开始开发第三代产品。第三代产品总面积在30万平方米以上，其中包括购物中心、影城、酒店、写字楼、公寓等业态。例如上海万达广场、宁波万达广场、成都万达广场等。

第三代产品设置了室内步行街，各大主力店围绕这条室内步行街布局，步行街的每一层都通往主力店，在任何一个平面或立体上，消费者都可以到达任何店内。在万达广场的整体布局上，这条步行街实现了建筑体平面与立体的互动。

第三代产品在原有商业项目上叠加了写字楼和公寓，在商业旁边开发了大量住宅，这些产品解决了商业地产开发所需要的现金平衡，商业物业通过经营性抵押贷款取得后续开发资金，这就是万达商业快速发展之道。

万达第三代经营模式与前两代相比，具备了非常鲜明的特色与战略性优势：第一，商业部分开始全部持有，只租不售。到2012年年底，开业了80个万达广场，年租金总收入超过80亿元，规模排名全球前四；第二，业态配比是经过市场检验的科学，第三代升级产品万达城市综合体，购物娱乐休闲一体化，尤其是办公物业的加入，成为区域快速升级的发动机；第三，万达的独门绝技，即“订单”地产。就是这门绝技使得万达实现了先租后建，完全避免了其他商业地产会遇到的招商问题，同时形成满场开业，场场旺铺。

万达集团已成立20多年，在全国的版图上，万达进入50余座城市并缔造了27座新城市中心。

事实上，正如万达集团所传达的“一座万达广场，一个城市中心”，万达集团在全国的商业市场上已形成特有的经营模式。订单式的经营，使得其在每个城市的生长茁壮有力，且为良性循环。

6. 物流与供应链行业商业模式的设计

近年来，全球范围内兴起了一批以高科技和消费者市场为导向的新型物流快递公司，他们利用互联网平台创造出一种新模式，可以把供应链成员紧密地连接起来，构成一个通信、功能网络，并借此产生更大的竞争优势。这种新型的物流和供应链商业模式，正在一点点地占据市场主导地位。

我们来看一下这类模式的典型代表——全球最大的快递和专业物流公司 DHL（敦豪航空货运公司）。

（1）效率和效果并重

20 世纪最后的几十年里，主流的商业模式是基于对供应链效率更高层次的追求。经验表明，许多行业都能通过减少库存来大幅降低成本。因此，这种零库存概念受到众多企业的青睐，但这样的模式带来的严重后果是企业越来越依赖于供应商。毋庸置疑，这种零库存状态在稳定的市场条件下具有明显的优势，但是，随着需求波动、市场的变化，这种追求零库存的商业模式就有很大的风险性了。

随着经济、社会的发展，形势的变化使得企业不得不重新审视过去的追求“效率”的解决方案。快速反应和弹性灵活的结合、效率和效果的结合才是现在供应链设计和管理迫切需要的。由于投资的边际效益决定了效益边界，任何物流公司都不可能对“硬件”无限制的投资，而 DHL 发现，这些基础设施所构成的系统，除了他们的核心业务——送货以外，还能够为他们处在不同产业里的顾客提供更多的价值。送什么“货”？如何“送”？这些都成为了物流速递公司重新考虑自己定位的问题，也由此引发了各大物流速递公司的创新战略。而 DHL 关注的一大领域是创造新产品和创新商业模式，也就是能够将 DHL 与竞争对手区分开来的产品。

（2）使用 IT 技术（信息技术）使供应链全球化

IT 技术支持了 DHL 公司（敦豪航空货运公司）整个系统的运营，发挥着公司“生命线”的作用。他们的创新很大部分来自系统的调整和完善。在 DHL 公司看来，业绩表现、未来产品发展、顾客满意指数，这些衡量指标都和创新有关系。通过 IT 系统，公司可以从这个数据库中提炼出最有用的知识，这将帮助公司建立起一个成功的业务模型，而这个成功的业务模型成为创新系统的回报。

从一定程度上来说，有的物流速递公司其实更像一个 IT 公司，只不过比一般 IT 公司拥有更多的飞机、货车和其他基础设施。DHL 研究世界上最好的 IT 技术，和 Google、甲骨文、微软保持着紧密的联系，可以在第一时间使用这些顶尖 IT 公司的最新技术。比如，公司在包裹跟踪服务方面就使用了射频技术，目前在这方面该公司是世界范围内的领导者。

随着供应链的延伸和越加复杂化的市场趋势，物流方案的供应商和他们的顾客之间的关系也日趋紧密，物流公司参与到顾客的前期采购和后期销售之中。及时了解顾客的新需求，成为物流公司创新的出发点。

（3）建立灵活的供应链

在多变的市场经济大环境下，即使管理再好的供应链，也难免会出现意想不到的问题，所以，在供应链中建立灵活的弹性机制至关重要。所谓弹性，就是系统在遭到干扰后有能力回复到它原先或者理想的状态。供应链有了弹性，就变得灵活敏捷并能及时做出迅速调整。

要建立弹性的供应链，就必须随时掌握与市场局势变化有关的信息。通过与商业伙伴的通力合作，这些信息可转化为供应链的智能。由于供应链网络变得越来越复杂，如果不能通过信息和知识供应链共享将它们连接起来，混乱之势便会迅速蔓延。因此，企业的目标是通过创新市场营销战略建立一个供应链共同体，在这个共同体内，上行和下行的风险都更加一目了然，而且整个集体都共同致力于降低和管理这些风险。说到底，企业必须重新设计它的供应链，不过和过去不同的是，重新设计的目的不是尽量减小成本，而是尽量提高灵活性和敏捷性。

（4）创新人力资源开发

人是任何企业极其珍贵的资源，物流快递公司的运作最后环节是由个人来完成的，辅以系统的支持。

尽管大型物流公司往往拥有强大的技术力量，但成功的供应链案例却都显示出一个共同的特征，那就是这些公司对他们的员工投入了极大的关注。将合适的人安排在合适的岗位上，再加上合适的管理队伍，就意味着公司的业务将会成长。如果没有合适的人，员工对公司的价值和文化总是持有不同的看法，那么公司将失去成功的机会。成为员工“愿意选择的雇主”，是新世纪商业公司在开发人力资源方面的目标，也是提高供应链管理水平的主要方法之一。

DHL 仅在亚太地区就有近 4 万名员工，在中国的员工超过 8000 名。让众多员工认同公司的价值和文化，从而提供一流的服务，是公司的核心工作。DHL 的精髓是“沟通”。在 DHL，“沟通”的方式多种多样，如面对经理层的大型会议、定期及特别培训、内部刊物等，来告诉员工公司的现状、未来的发展方向及应该采取的措施。正式的和非正式的、内部的和外部的沟通在持续进行中，这样能够让员工了解自己所服务的公司，并为之感到振奋。

领导供应链潮流的公司正在努力突破竞争性网络的限制，形成真正意义上的价值链集合体。这种集合体是以核心公司为中心组成的发达的网络，核心公司决定网络的结构和发展方向。其下一步的工作重点是为特定市场群体服务，建立新的利润通道。集合体将集中现有资源，最大限度地发挥网络的作用，满足特定顾客群体的需求，从而使该供应链网络成为该群体的首选服务渠道。

总之，DHL 利用电子商务供应链来实现成员之间连接、价值链集合体与目标终端用户之间连接的手段，是未来商业的成功模式之一，值得众多公司思考与借鉴。

实 操 篇

第四章　客户端价值发现及方案设计

锁定客户的基本原则、方法和程式

公司为了锁定客户，会用多种营销手段来维系同客户的关系，并使产品品牌融入到客户心中。

成功销售的能力大小，与客户多少有着密切的关系。因此，销售中最关键的一步就是准确找到需要产品（服务）的人。可是，并不是每个公司都能清楚地告诉销售人员，如何开发客户，如何找到需要自己产品（服务）的人。

如何才能找到真正需要你的产品与服务的人呢？这里有 10 条销售和开发客户的法则。实践证明，它们是行之有效的。

1. 每天安排一定的时间，尽可能多地与客户沟通

有些人希望找个对自己更有利的日子进行销售，因此有时推迟销售。其实，销售的时机永远都不会出现最合适的时候，还是尽早为好。

在寻找客户之前，一定要花费一定的时间来准确地定义你的目标市场。这样，和你交流的就会是市场中最有可能成为你客户的人。

如果你仅和最有可能成为客户的人沟通，找到的自然就是最有可能大量购买你产品（服务）的准客户。在这一小时中，要尽可能地多和对方沟通。每句话都是高质量的，多说总比少说好。

2. 和客户建立一定的关系并尽可能多地掌握客户的信息

掌握客户信息是锁定客户的前提。了解客户，才能更好地满足客户。

如何与客户建立关系呢？如拜访、沟通，经常开展一些联谊和娱乐活动，让客户参与进来。

3. 注意沟通的方式

如果不提前准备好名单，你的大部分销售时间将不得不用来寻找所需要的名字。你会一直忙个不停，感觉工作很努力，却沟通得很少。因此，手头上要随时准备一个可以供一个月使用的人员名单。

和客户沟通、做销售拜访的目标只有一个——获得一个约会。你不可能在沟通中销售一种复杂的产品（服务），你更不希望和对方讨价还价。

做销售的时候，要控制好自己的时间；而且应该专注于介绍你自己、你的产品；同时，还要大概了解一下对方的需求，让对方愿意花费宝贵的时间和你交谈。

4. 专注工作

在销售时间里不要接电话或者接待客户，要充分利用营销的经验曲线：在相邻的时间片段里重复该项工作的次数越多，就会变得越优秀，销售也不例外。你和客户的第二次沟通会比第一次好，第三次会比第二次好……依次类推。

5. 销售的价值

口碑价值：客户为企业带来了新客户。

传播价值：客户可能没有购买产品，但帮助企业传播品牌。比如，公司把宣传资料交给客户去发，比企业自己发更能赢得其他客户信赖。

6. 不要停歇

毅力是销售成功的一个重要因素。大多数的销售都是在第五次谈话之后才实现成交的。可是，大多数销售人员则在第一次谈话后停下来了。

某个生意兴隆的化妆品专卖店老板，有几个与众不同的做法。

首先，他的营业员在客户离开时，一边对着客户的背影鞠躬，一边对客户说："非常感谢您的光临。"

其次，他利用午休时间，到周边写字楼上，为这里的白领女员工免费做化妆知识讲座。在介绍完化妆知识后，他给每人发一张价值5元的折扣券。客户拿着折扣券到他的店里买化妆品，可抵5元钱。这对那些年轻的女白领们还是有吸引力的，她们纷纷登门购买。

最后，每次客户购买了产品，他会送一张“友情卡”，客户下次再来购买，还可以折扣5元钱。就这样，他吸引了一个又一个的客户，也让客户一次又一次地到他的店里来。

用资讯链接客户，向客户提供额外的各种他需要的资讯，“告知，不推销”，不像是卖产品给他，更像为他的生活贴心考虑，日本资生堂就是用这种方法锁定客户。

资生堂有一份为40万资生堂使用者服务的杂志，印刷精美，内容鲜活，有名人开讲、旅游信息、美容知识等，非常贴近女性。也有相关产品介绍。不像广告，更像一本时尚生活杂志。资生堂的杂志每次面世，在商场超市即被妇女们疯抢一空。这项营销计划使资生堂得以在市场上引领风骚数十年。

让客户进店，在客户购买产品后锁定客户，以后再到你的店里来，生意自然兴隆。

首先实现客户价值，才能实现公司价值

客户的价值，即客户购买你的产品给你贡献的利润。一位客户带给企业的价值要远远超出你的想象。客户价值因人存在着意识而分化为抽象价值和具体价值，又以具体价值实现抽象价值而达到两

者的统一。消费就是日常活动，是一个具体价值实现抽象价值的过程。具体价值是产品创造的过程，是价值的开发、设计和制造的过程，实现客户价值的过程就是实现价值的消费过程，由此构成价值运动的一个循环。

一家比萨店，服务员见到客户进门，心中就会默念，又一个要送我 8000 美元的客户来了，我要好好地为他提供服务。8000 美元，指的就是一位吃比萨的客户的终身价值。对客户价值，营销人员不能只从客户本次购买产品为你贡献多少利润来衡量。要朝前看，看看客户未来还能为你贡献多少利润。客户价值包括三个部分：历史价值——过去给你贡献过多少利润；现在价值——现在能为你贡献多少利润；未来价值——未来还能为你贡献多少利润。这就是客户终身价值。销售工作不能只着眼于一笔交易的达成，更要努力挖掘客户的终身价值。

在给一家童装企业经销商进行培训时，我为经销商算了一笔账。他的产品适用于 0 ~ 4 岁儿童，如果每个儿童每年消费 4 套童装，4 年共消费近 16 套。这就是销售目标：让客户在 4 年内都购买我们的衣服。

客户终身价值体现的是一种精神：和客户单笔交易的完成，并不是关系的终结，而恰恰是一个开始。企业应该着眼于发展与现有客户的长期关系，因为忠诚客户的价格敏感度较低，较易产生重复购买，并能为产品开拓新客户带来口耳相传的效应。保留现有客户的成本，通常要低于获取新客户，而现有客户保留率的增加，通常能比吸引新客户带来更多的利润。

每一个客户都还是希望能买到最合心意的产品的。所以，客户满意是相对的和发展的。客户是在使用中或者在观念中对产品进行评判，哪一家企业产品能满足客户需求，就对之有好感，而且他的主观标准也不是一成不变的，随着科技的不断进步，他们会不断提高对产品的要求，选择时也会更挑剔。所以，企业要把客户满意作为一个持续的追求过程，在绝对的和相对的价值竞争中，不断地充实、丰富和完善产品的价值构成。需要强调的是，是对客户价值的引导，以价值诉求的方式把客户的评价标准引向利于企业的方向。

客户价值告诉我们，企业和客户保持关系的时间越长，客户给企业贡献的利润就越多。客户价值理论，提出了考核销售工作的新标准：客户保持率和客户占有率。销售工作做得好坏，不只看你卖了多少产品，实现了多少销量，还要看客户保持率，就是你与客户保持业务关系时间的长短。

为客户设计优于其他公司的解决方案

在美国，医疗产品批发行业是一个夹在上游的医药厂商和下游的医院之间惨淡经营、微利度日的行业。然而就是在这样一个“夕阳产业”中，却诞生了一家堪称卓越的公司——卡地纳健康公司。该公司从1997年进入《财富》全球500强后排名一路蹿升，1997年第415位，1998年第251位，2000年第158位，2006年第51位，2012年已上升至第21位。其成功的商业模式就是以客户需求为中心。卡地纳健康公司始终站在患者的角度去思考问题，发现客户的需求，为客户提供最佳的解决方案，因此获得了巨大的成功。

卡地纳健康公司主要采取了以下几种措施重新定义与提供了客户需求服务。

1. 重新定义客户

传统观点认为处于产业链中游的医疗产品批发企业的客户是医院和药店。但是卡地纳的客户还有“第三者”，那就是患者。卡地纳认为价值链中所有企业存在的目的都是最终客户。卡地纳站在最终客户的角度提出了“帮助患者让他们更好、更快地痊愈；提供行业中范围最广的产品和服务，以帮助整个产业在关爱病人的所有环节上提高质量、安全性和效率”的口号。

2. 发现客户需求

站在患者角度考虑，一切便豁然开朗，卡地纳发现客户买来药品和器械是为了给患者治病，因而当医院从批发商那里接到这些东西时，客户的问题才真正开始。比如，这些使用风险和使用成本大大高于普通产品的医疗产品如何有效存放、管理、使用、处置。医疗产品批发企业从未考虑这些问题，卡地纳却发现了问题的真正要害：客户购买的并不是“产品”，而是“医疗过程中的质量、安全、成本和效率”。

3. 给客户提供解决方案

卡地纳围绕客户需求提供解决方案。通过与客户的密切合作，卡地纳找到了各种解决方案：为药店提供的收入核算系统，能够自动完成第三方与药店之间的结算流程，并且每天更新药品报价和各类数据，有效解决了药店长期存在的现金流转难题等方案。

因为最终站在客户的角度给客户提供了解决方案，使得卡地纳彻底赢得了客户。因为卡地纳紧紧抓住了客户的心，真正满足了客户的需求，所以产品销售量一路蹿上。

无独有偶，戴尔的成功模式也是如此。其他公司是在生产出产品以后去寻找订单，而戴尔的方式是先了解客户需求，再接受客户订单，按照客户需求提供产品，这就是“客户导向”的商业模式。

卡地纳健康公司和戴尔公司所采取的都是以客户需求为中心的商业模式。这种商业模式要求企业要把如何满足客户的需求摆在第一位，设计出优于其他的解决方案。

还有这样一个故事。

美国著名的儿童玩具品牌“美国女孩”在推出新产品时，进行了大量的市场调研，询问孩子想要什么样的娃娃。孩子们的答案千奇百怪，有的想要好伙伴，有的想要漂亮的，有的想要滑稽的，有的想要强壮的、能代替爸爸妈妈保护自己的……

之后，他们又询问了孩子的父母，得到的答案也很多。有的希望娃娃要安全一些，不会碰伤孩子或掉落零件被孩子误食；有的希望娃娃价格不要太贵，免得购买不起……

开发团队一时无法确定研发的方向。最后，开发团队加入了几位研发人员，请了几位目标客户参与开发，终于发现了父母对玩具娃娃的真正需求——玩具娃娃不要给孩子带来负面的影响，能够帮助孩子成长才是他们最希望能够拥有的功能。

于是，“美国女孩”系列洋娃娃出现了。不同的娃娃有不同的形象与衣着，也都有不同的身世，有关她们身世与成长的故事都在娃娃附带的画书里，每个娃娃都有一段积极向上的成长经历。

孩子不仅可以获得一个玩具，还可以多出一个学习和模仿的榜样，这样的产品怎么可能不受欢迎呢？结果，虽然每套“美国女孩”洋娃娃的价格超过了1000美元，但销售依然异常火爆。

“美国女孩”的成功告诉我们，只要站在消费者的角度去思考问题，找出他们需要解决的问题，并设计出完美的解决方案，那么你就成功了。

在市场实践中，真正做到客户导向的企业少之又少。其主要原因是缺乏科学、系统的业务流程作为支撑。那么怎样采取以客户需求为中心的商业模式？其一般流程又是什么呢？

有关学者对戴尔等著名“客户导向”型企业进行观察和研究后，指出了其业务流程如下。

（1）决策需求

包括面临的业务决策是什么，所需信息有哪些，每类信息都由哪些数据组成等。

（2）制订调研计划

工作流程：①确定调研样本和调查方式；②设计问卷：制定时间表；③队伍培训；④倾听客户声音；⑤小范围试调研；⑥广泛调研。

（3）定义关键需求

通过对调研结果的归纳和总结，结合客户关注点及价值取向的分析后确定客户对产品具体的、明确的、可量的期望。

（4）进入实施流程

工作流程：①建立输入、输出及流程本身的指标；②确定流程输出的绩效评估目标；③制定监控流程。

另外，企业要采取以客户需求为中心的商业模式，必须有强有力的制度作为保障，在聚焦客户需求的前提下不断改进业务流程，以将其融入企业文化的建设中去。如此，客户导向的行为成为自觉，企业竞争力的提升也就水到渠成了。

影响客户价值主张卓越性的关键要素

价值主张是企业通过其产品（服务）向客户提供的价值，确定了企业对客户的实用意义，不仅描述了企业与客户进行价值交换时所选择的交换内容，还描述了企业将给客户提供什么样的价值。在做市场定位的时候，一定要确立自我的客户价值主张。例如，雅芳的价值主张如下。

雅芳的价值主张是“女性的知己”。雅芳相信，女性的进步和成功就是雅芳的进步和成功。雅芳的目标是“成为一家最了解女性需要、为全球女性提供一流的产品和服务，并满足她们自我成就感的公司”。简而言之，成为一家比女人更了解女人的公司。

品牌价值主张不仅包括提供给消费者的利益，还包括品牌对社会、对人的态度和观点。消费者的利益可以通过调查得到，品牌对社会的态度和观点主要来自对社会行业潮流的把握。要想将自己的核心价值观有效地传达给消费者，就要确立一个价值主张，之后所有的传播和营销活动都要围绕这一价值主张来进行。

1. 客户价值主张的含义

价值主张可以由三个简单的问题来回答：

首先，客户会用产品来解决什么样的问题？

其次，这些问题会对客户造成多大的影响？

最后，这些影响与企业为客户创造的价值有多大关系？

企业的价值主张是一个企业存在的意义，也是一个企业满足客户偏好的具体表达。找到重要的客户和他们的价值需求，也就找到了企业的价值主张。企业的价值主张不仅要满足客户的表面偏好，更要满足客户的内心偏好，甚至超越客户的价值需求。

瑞士的 Swatch（斯沃淇）手表跨越产品的功能和情感价值需求，把手表从一个计时的机器变成一个时尚的配件，这就是 Swatch 手表在价值主张上的创新。

2. 实现客户价值的方法

（1）提高回报率

客户真正重视的是如何改善他们的生活质量、增加财富、保持健康和拥有快乐。因此，企业要给他们提供一定的技术和经历，而不仅仅是提供已有的物质产品。比如，手机的出现就带来了比普通电话更多的乐趣。企业还要明确目标，并帮助客户实现这些目标。比如汉王电子书，2009 年推出时 3000 多元一个。因为刚开始市场上仅此一家，采用的是礼品经济的模式，将购买者和使用者分离，购买的人不是使用的人，所以购买的人对价格不敏感，利用这个逻辑刚开始成功了，但很快一落千丈，原因就是仅这么一个功能——电子书，就卖了 3000 多元，而 iPad（苹果平板电脑）那么多功能也只卖 3000 多元。汉王输就输在单位成本收益，收益很好但单位成本太高了。

（2）为客户提供增值服务

客户都想寻求更多的支持服务，可是他们没有足够的时间、知识、精力和空间。他们需要的是问题的解决方法而不是产品，所以企业需要找出客户生活中将发生的事情，而不仅仅是产品的使用方法。

（3）解决客户的选择困难

技术的出现带来了产品的复杂性和多样性：40 多个品牌西服、20 种饮料、10 多种手机……这样的选择真的让人头疼。

客户在寻找个人建议和信息的时候，一般都依赖于朋友、家庭、网络或者顾问。企业要学会创新，学会利用公共关系和广告的混合媒体，减少客户的需求选择，为客户提供一站式服务。

（4）做好客户管理

客户价值的便利性和渠道的增值都能带来很大的优势，客户是需要维护和互动的，企业需要主动地加强和客户的沟通。虽然 51% 的客户依然希望亲自接触所有的时点，即使那仅仅是部电话。

（5）做好品牌管理

客户一般只关心产品的质量，只会谈论值得信赖的企业，信任点在于安全、等值。今天，“品牌文化”已经渗透到社会各界，企业品牌管理已经成为一种需要。

（6）加强和客户的合作

客户一般都非常重视参与和尊重，他们想要融入企业，想要和企业对话，想要被知道、被倾听，想要和企业共同创造品牌，因此要加强和客户的合作。

当客户与企业建立起一定的关系后，除了核心产品，关系本身也会对客户价值感知产生很大影响。这时候，要想进行价值创新，企业不仅要变革现有的产品（重新界定客户问题），创造一种全新产品，还要对现有的客户关系进行维护和变革，即在现有的客户关系上取消、降低、加强、添加某些关系属性，比如，改变双方交互的内容、方式、频率；重新圈定企业的目标客户，并与这些客户建立全新的客户关系。

3. 客户价值创新的途径

研究表明，客户关系中的信任与情感等无形要素不但对客户关系的维系起着重要的作用，同时也能为关系双方带来价值。因此，提升客户对企业的信任度和情感，是价值创新的独特途径。具体来说，表现在以下几点。

（1）实现产品和服务的转变

从产品到能力和资源的转变，是基于客户关系进行价值创新的一条主要途径。

从客户价值的角度来说，要重视这样五类资源：人员、技术、知识和信息、客户的时间和客户本身。企业的大多数员工都是通过制造、销售、服务等活动与客户直接接触的，其中有些人还会参与到重复销售和交叉销售活动中。

按照关系导向的营销观念，虽然企业可能会依然保留着由销售人员构成的部门，可是他们并不代表企业所有的营销人员。关系客户，包括单个的消费者、家庭和组织客户等，一般都喜欢得到更加个性化的对待。

（2）提高客户的信任度

虽然客户在企业实现的是单个情节层面上所获得的利益（比如，优异的产品质量、定制、各种支持性服务），这是其购买决策和再购可能性的基础，但是对于长期关系中的客户来说，对企业充满信任是最有价值的。因此，通过提高关系客户的信任度来提升客户价值感知是基于客户关系进行价值创新的一种潜在途径。

对于企业来说，客户信任非常重要，尤其是当客户发现市场上还存在其他企业也能提供质量相当的产品（服务）时。如果与某一企业保持好关系能够给客户带来安全、可靠、有保障、连续等感受，客户必然会更加信任企业；同时，这些感受还有助于减少心理成本、节约寻找其他企业的时间等。

（3）为关系增加情感要素

客户与销售人员在不断的交互中产生的情感联系，满足了客户的高层次需要，对客户具有特殊的价值。鼓励销售人员与客户建立彼此的信赖对于企业来说非常重要，不仅可以让企业在客户缺少转换交易伙伴时，与该客户保持联系；当该客户转向其他企业时，也可以让企业有机会对竞争者的挑战做出反应。

要想向客户提供社会利益，企业就要把人与人之间的关系和企业与人之间的关系结合起来。最常用的方式是建立客户组织，即将客户以某种方式纳入企业的特定组织中，使企业与客户保持一种更为紧密的联系，实现对客户的有效控制。

这种集约化的客户联系方式具有很强的针对性和目的性，通过这种方式，企业可以给予客户优惠和奖励、提供产品信息、定期举办联谊活动，加深客户的情感信任、密切双方关系。客户组织可以是有形的，如客户俱乐部；也可以是无形的，如利用数据库建立客户档案。

企业要对其服务现状加以改进，如此员工与关键的客户才能保持较长的接触时间；或者，将服务集中化，使客户只应付一个接触点，增强企业与客户之间的社会联系。有些服务企业鼓励员工快速有效地应付客户的要求，员工会因此而受到奖励。尽管这样有助于企业提高效率，但也可能会严重损害本来能够给予客户的特殊利益。

提出客户价值主张的时机管理

客户价值主张是指企业对客户来说具有什么样的意义，即对客户真实需求的深入描述。客户价值主张，在实际操作中体现在客户选择产品或服务时的几项关键指标。如客户在购买商品或服务时主要关注的有质量、售后服务、价格、品牌等方面，那么客户在选择供应商时也将从这几个方面进行考察。客户价值主张是一种针对客户的商业模式。

在全球市场经济的大潮下，服务已经成为众多企业追求差异化的目标。这一方面说明了企业发展存在着巨大的潜力，另一方面也说明客户价值主张的实现对企业发展的重要作用。

随着信息技术的进步、人们消费观念的改变、不同产业的融合、文化经济等因素的影响，服务越来越成为企业发展的重点，我国服务经济时代开始到来，制造业和服务业的相关性增强，并且呈现“微笑曲线”变化，现代服务业成为促进其他部门增长的过程产业，也成为克服经济危机的重要一环。

如何发展现代服务业？创新商业模式是关键。服务业进行商业模式创新，首先要创新产品。因为一个产品或服务，从新概念的产生，到产品或服务的设计、开发、制造、销售，乃至最终在终端消费者手中完成消费过程所有价值环节上，都需要创新商业模式。其次，服务业商业模式创新要以市场化的需求为导向，以客户的需求为驱动，贴近企业的创新活动，以市场机制来协调并实现有限资源的有效配置。

服务业商业模式创新的案例屡见不鲜。例如，成立于2006年的易到用车，与租车公司的差别，从消费者层面来看，可能仅仅体现在价格与服务的不同上，而事实上，易到用车与大家所熟悉的一嗨、神州等租车公司有着迥异的商业模式。

提到易到用车，我们都认为它是租车公司，其实它没有一辆属于自己的汽车，也没有一名属于自己的司机，它只是提供智能商务用车的网上平台。

当消费者需要订车时，可以通过网络、电话以及智能手机终端直接联系易到用车。易到用车在接收到消费者信息并接收付款之后，则通过自主开发的一套系统将信息派发给其他租车公司的闲置车辆和司机，之后再由这些车辆为消费者完成服务，并且保证1小时内准时出现在消费者的上车地点。这就是易到用车的流程。易到用车将线下商务的机会与互联网结合在一起，让互联网成为线下交易的前台。这是汽车租赁行业创新商业模式的典型代表。

现代人喜欢追求高节奏、高效率的生活，如今，却有一家公司反其道而行之，以“慢递”的情感价值诉求替换了传统邮递服务中的效率价值，它就是熊猫慢递。

很多人都有这样的遭遇，由于每天要处理的信息太多，当想起爱人、朋友的生日或是其他重要日子时，时光已经逝去。熊猫慢递正是看准这一诉求，主要为人们寄送那些对邮件时效性不敏感的邮件。也就是说，可以根据寄信人的意愿，保证递送者在未来某个特定日子收到信件。尽管慢递对于大众来说还是一个全新的理念，但很多人都能够在短时间内接受并且愿意为这项服务埋单。这不得不说是一个伟大的商业模式创新。

创新商业模式是发展现代服务业的现实选择和出路，不同规模、状态、行业、类型的企业有着不一样的商业模式，但在众行纷纭中又遵守着许多共同的商业规律。在选择和设计商业模式的问题上，中小企业比较注重战术上的商业模式，大型企业则多着眼于战略上的商业模式选择，因此，商业模式的设计研究对客户价值的实现具有重要的意义。

选择怎样的商业模式已经成为企业发展的关键，有不少企业在构建商业模式的过程中却无从下手。我们对面向客户构建商业模式的方法进行了系统研究，主要从构建的理论基础、支持的工具、构建的步骤等几个方面进行了详细分析，以求找出不同商业模式构建方法适用的层次和领域。据此，企业在构建商业模式的过程中一方面可以根据自身的特点确定构建商业模式的指导思想和基础理念；另一方面还要根据企业的实际情况和需求选择合适的开发方法，从而提高商业模式设计的效率和成功的概率。

第五章　公司价值：赢利模式设计

收益模式：公司价值的实现

公司价值的实现，要通过公司和利益相关者的交易才能达成。在此过程中，提升交易价值、使收益增加有时不是企业和利益相关者单独一方能完成的，本质上是公司和利益相关者拥有的不同的资源和能力的结合。

每个公司都有其唯一或独到的商业模式。就如马云所说：简单地去复制别人的商业模式就想成功的可能性是很低的。这说明商业模式本身具有唯一性和独到性。而其本身的这种特殊性，会使整个公司的要求不一样。

不同的赢利模式的功能需要不一样。而且赢利模式还有近期赢利模式和长期赢利模式之分、动态赢利模式和静态赢利模式之分等。

2013年6月，阿里巴巴旗下支付宝与天弘基金合作，推出余额宝（天弘基金的增利宝货币基金）。余额宝自成立开始便以疯狂的增长速度吸引各界注意。2013年年末，余额宝相较于成立之初的2亿元，增长率以千倍计。2014年，余额宝继续延续之前的增长态势。相关数据显示，截至2014年2月，余额宝规模达到4000亿元。

与余额宝超速增长相对应的是银行存款业务出现大幅下滑，中国人民银行公布的2014年1月金融统计数据报告显示，2014年1月人民币存款减少9402亿元，同比少增长2.05亿元。其中，银行存款转移余额宝是存款减少的一个重要原因。

余额宝靠什么快速增长？靠什么收益？很多朋友在使用余额宝的时候非常好奇的一个问题就是余额宝里的收益是怎么来的。

余额宝的收益通知通常都在上午，到账则在下午三点之前。从理论上来说，只要到账则不存在违约责任，事实上支付宝也承认，互联网是个战场，那么余额宝的高收益究竟来自何方？为什么银行的活期存款利率才百分之零点几，而余额宝却能高达6%，这里面相差数十倍的差距是否合法、合理、合规？更有意思的是，支付宝吸纳的2000多亿元资金绝大多数又以协议存款的方式流回了银行，支付宝的收益又能高到哪里去？

以支付宝为典型代表的互联网金融出现之后，各种以资金吸纳为特征的这宝那宝纷纷出现，收益许诺一个比一高，这其中有网络金融赔本赚吆喝的因素，同时也的确让“长尾理论”在互联网上找到了实践的基础，无数看似单独没有什么价值的散户，当他们以某种方式完全集聚后也有不菲的价值，这就叫集腋成裘。天弘基金的实践是标准的逆袭，淋漓尽致地展现了互联网的本质特征。理财产品高于6%以上的产品有的是，但是门槛也是相当的高，没个100万元也要50万元，这种高门槛阻挡了无数梦想高收益的中、低收入人群，50万元是钱，5元难道不是钱？支付宝巧妙地利用互联网转账系统在瞬间完成了散户到大户的转换，所以一定程度上，这是技术进步带来的成本锐减而形成的机会利润。既然市场的实际利率已经达到6%左右，那么为什么银行的利率管制还那么低呢？银行为什么多此一举跟支付宝买钱而不直接把收益支付给储户呢？央行和商业银行的诉求与我们投资者都不一样，后者要求收益，前者控制风险。

简单地说，支付宝们赚的是技术革命的价差、思想观念的价差、制度安排的价差，表面上看赚的是银行的钱，实际上是市场化的钱。

成本结构：关键资源效率设计

企业之所以要进行成本控制，主要是为了确定战略成本目标，实现目标。通常情况下，企业都会使用目标成本规划法。

使用这种方法的时候，企业都会进行一系列的市场研究，然后对市场需求量和可能的价格进行预测；当企业对竞争者的产品功能和价格有了一番了解之后，就会根据企业的中、长期目标利润计划确定自己的目标成本。

成本规划最重要的是对企业资源的合理利用。企业资源理论认为，企业是资源组成的集合，企业的竞争优势源于企业所拥有的内部异质性资源。企业是资源的集合体，企业成长过程实际上是企业资源的动态演化过程。

1. 成本分析

企业之所以要进行成本分析，主要目的是揭示企业成本的优势和劣势，为确定目标成本和实施成本控制提供科学的依据。实施成本领先战略，从企业自身考虑，可以采用价值链分析、战略定位分析和成本动因分析等方法；从企业和顾客两方面来看，还要进行产品寿命周期成本分析。

（1）价值链分析

所谓价值链，是指企业一系列互不相同但又相互关联的经营活动所创造的价值，这一动态过程反映了企业经营活动的重点、战略、实施战略的方法，以及未来的发展趋势。企业反映在价值链上所创造的价值，如果超过了成本，就可以赢利；如果低于竞争对手的成本，就说明企业具有一定的竞争优势。因此，价值链分析是成本领先战略的基本出发点。

（2）成本动因分析

所谓成本动因，是指引起产品成本发生变动的原因，即成本的诱致因素。

进行成本动因分析的时候，首先，要尽可能地把成本动因与特定价值作业之间的关系量化，对成本动因之间的相互作用进行识别，对成本动因进行战略上的权衡与控制；其次，要从战略上分析、查找、控制一切可能引起成本变动的因素，对日常生产经营中存在的问题进行有效控制。

（3）产品生命周期成本分析

对产品生命周期成本进行分析，对企业是有很多好处的，比如，有助于企业更好地计算产品的全部成本，做好产品的总体成本效益预测；有助于企业根据产品寿命周期成本各阶段的分布状况，来确定进行成本控制的主要阶段；有助于扩大对成本的理解范围，有效地管理这些成本。

2. 企业的关键资源

今天，很多企业的管理者对企业的关键资源能力表示迷茫，无法将企业最精髓的一部分划分出来。为了保持持续的竞争优势，企业必须不断地预测并培育新的关键资源，保持其市场竞争优势。

耐克是世界运动服装品牌公司，但是众所周知，耐克公司是从来不生产耐克鞋的，最大的运动鞋供销商为什么不生产鞋？耐克公司是怎样强化自己的关键性资源的呢？

耐克的创始人一次偶然的机会看到母鸡虽然被困鸡棚，但是还活蹦乱跳，由此他想到了自己的业务可以借助他人之力来发展。经过谨慎的分析研究，发现这种方法不但可行而且有利可图。

耐克最先在欧洲和日本实施了“借鸡生蛋”的商业模式，就是产品外包，把自己的产品交由当地的服装加工厂生产。“借鸡生蛋”这招，让耐克在开拓世界市场的初期就大获全胜，打通了贸易壁垒，避免了关税，在市场封闭严重的日本也能够占有一席之地。在打入欧洲市场的时候，耐克复制了第一次的做法，顺利地打开了欧洲市场的大门。耐克在开拓市场的同时也在关注成本问题，在以后的发展中选择了亚洲部分劳动力廉价的市场。亚洲市场人口众多，劳动力市场相对廉价。这是耐克公司取得成功的关键。

关键资源能力是一个企业发展的支撑点。每个企业都有自己的目标客户，我们用什么来满足他们的需求？用自己最有价值的能力来实现客户的价值。

近些年品牌运动服装又来了一个后起之秀——“Under Armour”（安德玛），在美国堪称“下一个耐克”。对于一个后来者进攻强势市场本来是一件不容易的事情，可是它却做到了。

作为运动服装公司，最需要拥有的关键资源能力是品牌，怎样成就品牌比品牌本身更重要——如何找到成就品牌这个关键资源能力背后的关键资源能力更重要。运动服装需要具备良好的设计和运动功能，并以品牌为支撑。

该公司从紧身衣这个行业空隙出发，选择运动紧身衣无疑将产品定位于高技术含量，因此该公司的产品设计部门和产品营销部门占主导地位，这便是“Under Armour”的关键资源能力所在，以产品设计锁定客户需求，以市场营销刺激客户需求，凭此该公司迅速成长，在运动品牌中夺取一席之地。

不同的商业模式拥有不同的关键资源能力，也许每个企业都拥有重要的资源能力，问题是这些资源能力是否能有效地控制并运用其他资源呢？这关系着企业未来的成长。

企业的关键资源，是指企业拥有的那些对其具体业务保持持续性的竞争优势、至关重要的基于能力的资源。企业的关键资源既可能是物质性的，如企业的个别高技术含量的关键设备。也可能是非物质性的，如企业的人力资源以及科学的管理制度。可是，无论是哪一种，这些资源只有在与企业某种扩张后的能力相匹配时，才能达到预期的效果并获得超出平均水平的收益。

企业的关键资源具有以下5个基本特征。

①企业竞争优势的源泉。

②垄断性。关键资源是稀缺资源，其垄断性是企业获取超额利润的基本条件。其垄断性越强，企业的竞争优势就越大，垄断性持续时间越长，企业获取利润的时间就越久。

③相对性。其特色和重要性程度是相对一定时期、一定技术水平之下、一定范围内的竞争对手而言的，不是绝对的。

④动态性。其价值地位是随市场竞争及企业目标的变化而发生转变的，既可能提高，也可能下降，具有动态性变化特征，不可能一劳永逸。

⑤来源多向性。它的来源是多渠道的，既可以从外部采用纵向或横向联合的方式获取，也可以从内部采取直接的方式或间接的方式获得，获取渠道和方式具有多样化特征。

利润模式：每一笔交易所贡献的收益

公司的成功有一个指标性的东西，这个指标就是利润。不同的企业有着不同的追求目标，可是不管是什么目标一定要围绕一个中心——利润。

公司经营的目的就是取得利润，它是企业取得成功的基本标准。

不管企业家追求的目标是什么，利润都是公司实现其他目标的先决条件，这一点在一些成功的企业家身上可以看到。

牛根生在创立蒙牛公司前曾是伊利乳制品公司的一个洗碗工，可是靠着不懈的努力，他从最底层一直做到了伊利副总裁。1999年，在公司的事业蒸蒸日上的时候，牛根生被董事会免职，同时被免职的还有其他几位中层干部。大家凑到一起，最后决定要成立一家奶制品公司。

说干就干！他们把手里的股票纷纷卖掉，获得了100多万元的收入。依靠这笔资金，内蒙古蒙牛乳业公司成立了。

要想做市场，必须建立营销渠道、打广告，100万元显然是不够的。过去的老部下听说了这个情况后，纷纷入伙蒙牛。在这些人的带动下，他们的亲戚、朋友和业务关系都开始把钱投给牛根生。公司注册5个月之后，蒙牛就有了1000多万元的资金。

有了这笔资金，牛根生开始了真正的市场运作。他先用300多万元在呼和浩特进行了广告宣传，几乎在一夜之间，许多人都知道了“蒙牛”；接着，牛根生又拿出300万元对那些承包、租赁、托管的企业进行技术改造和设备更新；另外的300多万元则用来建工厂。

之后，蒙牛便开始了“大跃进”——牛根生只用了4年的时间，就位居全国乳业第2位。资料显示，2003年蒙牛的销售收入已达到40亿元。

蒙牛的成功充分证实了这样一个道理：企业的成功，首先是高利润的获得。

企业竭尽全力追求的是什么？答案毋庸置疑：利润，一切都是为了利润！如果没有利润，一切都是空谈！创造赢利，这是企业的最高原则，利润挂帅，永远不会错。

衣食足而知礼节，只有在解决了温饱问题的基础上，人们才会谈论礼节。同样，只有解决了利润问题，企业才能谈股东利益、社会责任等；如果企业处于亏损状态，其他的将是空谈。

今天，很多企业为了实现营销创新，大力进行资源整合，企业大手笔的投入到资本运作过程中去，就是想获得最大限度的增值利润。

1. 实现企业利润最大化目标

企业投入资本开始运营之后，必然会产生收入和费用，想实现利润最大化，势必就要提高收入或者降低成本，而在资本运营中就是要降低成本。

成本的降低，不但要增加当前企业利润，而且要增加当期利润；不但要增加当期利润额，还必须提高利润率。利润是企业补充资本、扩大经营规模的源泉。

2. 实现股东权利最大化目标

资产负债表中损益类科目实收资本、资本公积、盈余公积和未分配利润就是股东权益。只有公司获得的利润越多，才能提取更多的盈余公积金和剩余更多的未分配利润，前者可以扭转企业以前年度亏损的局面，也可以转增企业资本，增加企业资本投入。期末股东权益额扣除期初数额，得到的数越大就说明股东权益实现的增值越大。

3. 实现企业价值最大化目标

在资本运营的过程中，企业不只要注重企业利润和投资者权益，还要注重企业本身价值的最大化。

企业在保持联系经营的前提下，对未来每年的预期收益，通过折算、累加的数值，进而估算企业价值。所有企业都希望这一估值是大于企业账面资产的，这才能说明企业的利润在增加。

企业要发挥自身优势就必须大力发展核心竞争力，因为只有核心竞争力才是企业竞争中最根本、最稳定的竞争优势。企业只有开发出独特的产品、技术或营销手段才能保证核心竞争力的竞争能力。强大的核心竞争力能为企业创造更多的利润，实现企业的社会价值，保证企业的可持续发展。

中小企业一般都缺少核心竞争力、整合资源能力弱、品牌力度单薄、渠道终端管控能力差，因此对价格竞争、促销政策的依赖性很大，这虽然会增加销量，但利润却少了；虽然规模上去了，自己却处于亏损状态……长此以往，不仅会损坏品牌形象，也会让企业发展壮大遭遇“瓶颈”问题；一旦形成恶性循环，还会面临倒闭的危险。

所以，赢利，既是企业生存的命脉，也是企业发展的基础。如果没有利润，员工没有福利，政府得不到税收，银行收不到利息，企业必然会难以为继。企业没有利润，靠东挪西借负债过日子，虽然可以苟延残喘，但却很难获得长期发展，只有持续赢利才是重中之重。

利用资源的速度和效率

不同的时代，对企业资源的理解不同。现代社会所说的企业资源，一般是指企业在向社会提供产品或服务的过程中所拥有、控制或可以利用的、能够帮助实现企业经营目标的各种生产要素的集合。现阶段，凡是能转化为支持、帮助和优势的一切物质和非物质都是企业的资源。

具体来说，企业资源有广义和狭义之分。广义的企业资源把能力也纳入其中；而狭义的企业资源是把资源和能力分开来说的。这里的能力是指资源组合的能力，包括管理、创新、风险承担以及应用分析等方面。狭义的企业资源是指企业可以全部或者部分利用的、能为顾客创造价值的一切要素的集合。需要注意的是，企业资源除了广义资源之外，还包括那些不归企业所有，却可以被企业利用的“合作”组织的资源和公共资源，我们称之为边缘性资源。企业对它们不拥有产权，但可以通过契约、付费或者公共关系活动获得对它们的暂时的或者部分的使用权。企业所能够利用的这类资源的多少，取决于企业的需要和能力。

对于企业的成长来说，资源利用效率非常重要，资源是其成长的基础。企业资源的利用率、资源价值的发挥程度是影响企业业绩的关键因素。没有充分的优势资源，企业是很难生存和发展的。很显然，企业成长的过程，也是企业资源聚集的过程。企业市场的竞争优势，多表现在企业资源优势的竞争之上。企业聚集优势资源，首先必须明确企业聚集优势资源的目标。一般来说，企业聚集优势资源的主要目标有：更好地满足企业发展的需求，拥有与众不同的资源，满足企业差异化经营的需要；拥有较大数量的资源，增强企业竞争的基础；想方设法增强企业有效资源的寿命，提高其含金量。从这个意义上来说，资源的质量和数量决定了企业的生命。

企业资源的内涵是不断扩大的。随着经济的发展，越来越多的新要素被纳入资源的范畴，例如信息资源正在变得越来越重要。因此，企业要尽量多地掌握资源，以便适应时代发展的需要。

随着企业的运营，资源的利用率处于不断变化的动态过程中。而且企业所拥有或控制的各种资源是一个有机的整体，各种资源相互联系、相互影响，共同支撑着企业的运营。因此，企业必须打破孤立的、僵化的资源观念，以动态的、系统的观念分析和开发利用资源，实现资源的动态优化。

沃尔玛由一个人从经营杂货店开始一步步发展到今天，是什么成就了沃尔玛的抗风险能力，沃尔玛这家企业的核心竞争力到底是什么？Sam Walton（山姆·沃尔顿）创立的沃尔玛之所以能走到今天，不仅仅是因为他创业之时正确的选择，还在于沃尔玛在进一步发展的时候，有效整合了资源，控制了成本，建立了统一战线。

沃尔玛深知“天天平价”之道需要广泛地同其产业链各个合作方建立良好的战略合作关系，比如，沃尔玛进入中国很好地利用了自己的品牌影响力，同中国政府建立了广泛而有深度的关系，从政策上赢得了各个地方政府的广泛支持，这为沃尔玛快速进入中国市场奠定了基础，同时，沃尔玛通过中国的办事机构广泛地同地产商、社区、品牌商、制造商，包括农产品基地等建立长期的战略合作关系。

沃尔玛“消灭”员工，将所有的员工变成合伙人，同时大幅度提高员工的工资，并且让员工能分到企业的利润。这样保证了沃尔玛在快速发展过程中对人才的需求。

沃尔玛的供应链与信息管理也是非常高效的，其为了满足全球当地采购供应链的低成本模式建立起来的信息与供应链体系是很多类似企业一直模仿与学习的榜样。依靠强大的信息与供应链管理平台，沃尔玛始终站在行业的前端。

资源整合不仅是企业战略调整的手段，也是企业经营管理的日常工作。整合就是要优化资源配置，就是要有进有退、有取有舍，就是要获得整体的最优。

在当前经济条件下，企业创造资源很难，而整合资源却很容易，整合可以是企业内部整合，也可以是企业与企业之间的整合。有的企业存在着资源闲置与资源浪费，有的企业存在着资源稀缺与资源过剩，所以企业间的资源优化与整合就能迅速实现双赢共赢。

从战略思维的层面上来说，资源整合属于系统论的思维方法，就是把企业内部彼此相关但却彼此分离的职能，把企业外部既参与共同的使命又拥有独立经济利益的合作伙伴，通过组织和协调，整合成一个为客户服务的系统，取得“1 +1 >2”的效果。

从战术选择的层面上来说，资源的优化配置就是根据企业的发展战略和市场需求对有关的资源进行重新配置，以突显企业的核心竞争力，并寻求资源配置与客户需求的最佳结合点，目的是要通过组织制度安排和管理运作协调来增强企业的竞争优势，提高客户服务水平。

第六章　关键性资源管控和设计

人员：创造客户和公司价值的主体

美国奥辛顿工业公司的总裁曾提出一条“黄金法则”：关爱你的客户，关爱你的员工，那么市场就会对你倍加关爱。“客户”是企业的外部客户，“员工”是企业的内部客户，只有兼顾内外，企业才能获得最终的成功。员工是企业利润的创造者，如果员工对企业满意度高，他们就会努力工作，为企业创造更多价值。员工对企业如果不满意，其结果一是离职，二是继续留在企业，但是消极工作，这两种结果都是领导者不愿看到的。所以，一个追求成功的领导者应当学会如何提高企业内部员工的凝聚力，让他们为公司创造更高的价值。

目前，在市场经济条件下，竞争的实质是资源竞争。在物质经济时期主要表现为自然资源的竞争，而在知识经济时期主要表现为人力资源的竞争。现代社会企业竞争的焦点主要是人力资源和企业运作的有效性，即企业如何利用人力资源以及如何综合运作物质、资金、时间等资源，使其产生价值。

企业的发展依靠的是人才，因为先进的技术和管理是需要人去实施的，人才对于企业的生存发展影响极大。一个企业如果能够团结一批高精尖的人才，就能生产出称霸市场的一流产品，最后获得傲人的经营业绩。企业一定要将人才开发放在突出的地位，制定合理的人才开发战略。

1. 不同类型的人才

正如管理学家詹姆斯·马克所说："要想取得今后的成功，就应充分运用人力资源，尤其是要尽力形成强大的团队合力。"企业的竞争力虽然源于各方面的因素，但从根本上说，对人力资源的有效利用才是最终的制胜因素，高效的团队才能获得企业管理的高绩效。作为公司领导者可以通过掌握不同类型的人，完善管理机制，充分发挥员工的积极性。

（1）分析型的人

这类人是典型的完美主义者，绝大多数时候都是正确的，因为他们善于在事情上投入时间、思考和进行理性推理。他们追求事实，主要的优点是耐心，但这也是他们的缺点——他们小心谨慎，迟缓不前。对于这种类型的人，领导者首先要支持他们的原则，重视他们深思熟虑的思路，明确分清角色和职责。

（2）友善型的人

这类人总是出现在人们需要和可能受到伤害的地方。正因为他们花时间与各方联系，他们是公司里最好的协调员。诚然，他们有自己的意见，但他们更想知道对方的意见。他们最大的优点是了解各种关系。对于这种类型的人，领导者首先要以行动表示出对任务和对他们的承诺；其次对他们表示尊重，任何高高在上的态度都会伤害到友善型的人。

（3）领导型的人

他们多数是胸怀大局者，总是不断从新的视角看待他们周围的世界。他们是未来导向的人，这可能是因为在未来才没有人约束他们的宏伟梦想。如果领导者想得到直截了当的答案，那么表现型的人不是最好的人选；而如果领导者需要直觉和创意，那他们再合适不过了。

（4）行动型的人

这类人是行动爱好者。他们最大的强项是：追求结果。对于这种类型的人，领导者必须做到简明扼要、直截了当，"效率"当头，不离主题，消除任何歧义，清楚任务的要求和目标，将任务整理成简明的要点，清楚而又有条理地告诉他们。

在一个公司中，不同的成员发挥着不同的作用：发起者指出方向，追随者实施完成，反对者进行纠正，旁观者则提出全面看法。

2. 人力资源整合

世界已经进入以人才资本为依托的经济发展时期，世界资源开发的重心已由物力资源开发向人才资源开发转移。人才资源已经成为新经济发展过程中最为稀缺的资源，如何开发人才资源成了企业成功与否的关键。如何整合人才资源，发挥人才队伍整体效能，是一个单位、一个地区尤其是领导层人才队伍建设方针的重要工作课题。

作为社会科学意义上的人才资源整合，是指人才资源的优化配置，使其发挥出大于个体总和的效用和价值，是“1 +1 >2”的概念。其内涵，既有战略性也有战术性，既有刚性也有柔性，既有定性的判断也有定量的分析，既有静态的划定也有动态的修正调整，应当看作是一项系统工程。

企业整合人才资源的原则是人才资源优化配置。从静态上说，是按照现有事业的需要，将不同层次、不同年龄、不同知识专长，包括不同性格的人才组织成一个群体，并明确界定岗位、职务目标、责任，保证顺利运行。从动态上说，是按照事业发展的战略计划和长期目标，吸储培养人才，凝聚现有人才，充分利用群体人才，并发挥间接人才资源的作用。

3. 人才战略设计

在工作中，员工最需要的就是能够公平竞争。在法国，麦当劳的每个员工都处在同一个起跑线上。首先，一个有文凭的年轻人要当4 ~6 个月的实习助理，做最基层的工作，如炸薯条、收款、烤牛排等，学会保持清洁和最佳服务的方法。第二个工作岗位则带有实际负责的性质：二级助理。每天在规定的时间内负责餐厅工作，承担一部分管理工作，如订货、计划、排班、统计……在实践中摸索经验。晋升对每一个人都是公平的，适应快、能力强的人的晋升速度就会更快。

人才战略设计的关键在于建立一套合理激励制度。具体主要包括以下几个方面。

(1) 激发工作动机

动机代表了个人欲望的追求，一个有强烈动机的人会有良好的工作态度，且抱有积极的工作精神。心理学家通过实验研究发现，工作态度与工作效率之间虽无绝对的关系，但大致的结论是：持积极工作态度的员工多为高效率者，而持消极工作态度的员工多为低效率的工作者。因此，企业要提高员工士气及其工作兴趣和对管理者配合的积极性，激发工作动机实为首要的课题。

(2) 提高薪酬待遇

薪酬的多寡，时常代表个人地位的高低或工作成绩的优劣。管理者应在尽可能的范围内，定出较高的薪酬标准，提高薪酬的基数，颁发工作奖金，以振奋人心。此外，薪酬标准的核算是否公平，对工作情绪的影响也很大。所以，主管要考虑各方面的资料，以做科学化、公平化的考核，遵循同工同酬的原则，并在公平合理的基础上，拉近上下的差距，免得招致部分员工的不满情绪，抵消原来的工作成果。

(3) 健全升迁制度

职务高低影响个人工作情绪与态度，这是非常明显的。一般而言，担任管理层的工作人员对工作满意的程度，比一般事务人员要高。合理的人力资源制度，除甄试合格人员以吸收新进人才外，应设置一定的升迁标准及优先次序，建立由下而上的升迁制度，给予充分升迁的机会。同时，应做到人事公开、公正而合理，使员工对工作的神圣性有较正确的体会，且有助于基层员工工作精神的改善，激发其向上奋发的精神。

（4）运作绩效考核

考核是升迁的依据，也是制定薪酬的标准，考核贵在公平合理。不合理的考核制度，必然影响员工的工作态度。因此，考核的方法与结果，必须应使考核人了解，以作为员工自我改进的依据。并聘请专家担任考核设计以及进行考核后与员工会谈的工作，以消除员工对考核的疑虑。这样员工可以积极地配合，使考核产生积极的激励作用。

（5）重视员工培训

社会发展速度越来越快，从员工的角度来看，自身的发展已成为他们工作质量的一个重要指标。一个企业，发展的机会多，培训的机会多，就意味着晋升的机会多。所以，培训也是员工选择企业的一个优先的指标。

技术：实现商业模式效益的依据

企业要想长期保持竞争优势，必须依靠不断地创新。企业的创新模式主要有两类：技术创新和商业模式创新。技术创新是人类财富之源，是经济发展的巨大动力，一个企业竞争力的强弱很大程度上取决于其技术创新能力的强弱。

一般来说，技术创新是将科学技术研究转化为生产力，从而创造出更有竞争力的产品；商业模式创新则是创造和传递客户价值和公司价值的系统，通过不断地创新，在为他人创造价值的同时自身获取价值。技术决定着产品的产出，商业模式决定着产品的卖出。那么，到底商业模式与技术创新哪个更重要呢？

实践表明，新技术革命能够带来新需求，并且能够给厂商和相关产品带来利润。例如，伴随石油等原材料的价格一路高涨，各种新技术的出现引发节能时代的到来。未来几年，太阳能、LED（发光二极管）、电源管理、节能灯行业等将获得较快的发展速度，从而带动相关的硅材料、LED 芯片、电子元件、分立器件和电源管理 IC（集成电路）产业的发展；4G（第四代移动电话行动通信标准）的推出将给电子产业整个产业链带来机遇，从设计，到元器件，到手机终端和运营商，未来三年每年数千亿元的投资额将给电子元器件提供产业链群体突破的机遇。

这正如格力电器董事长兼总裁董明珠所认为的“不是没有市场，而是没有技术，没有创新。如果你保持技术创新，就能保持增长”。

2012 年，格力通过技术创新，开辟了新的市场需求。2012 年 12 月 22 日，格力双级变频压缩技术开创了双级变频时代。中国工程院院士王浚认为，这项技术重新定义了行业标准，大幅提高了能效水平，推动了变频空调和热泵热水器的普及。

在董明珠看来，新技术的成长会激发市场更新换代的需求，这也是为什么格力能够凭借创新在家电寒冬中继续保持稳健成长，敢于提出 2012 年实现千亿元、未来 5 年每年 200 亿元的增长。董明珠表示，作为领先的空调企业，无论家电行业的格局如何变化，只要抓住了人们最本质的需求，并能够通过不断的技术升级和技术创新来满足这种需求，就能够在国际竞争中立于不败之地。

由此可见，技术升级是每个行业的主题，技术升级将带动相关厂商和上游元器件厂商业绩增长。

2013 年，经济危机以一种新的形式展现在全球的各种企业贸易之间，跨境贸易风险和其他不确定性因素迅速袭卷开来，这对阿里巴巴来说是挑战也是机遇。在不断发展创新技术和产品的同时不忘回馈社会，为社会公共事业做贡献，提高社会认可度和企业影响力。阿里巴巴不只是贸易订单的增长迅速，社会好评，企业影响力也不断增强，如今阿里巴巴中国站成为当之无愧的最大采购批发平台。

当今社会的发展越来越依赖信息技术服务，零售商品电子商务的发展更是离不开现代信息技术。网上交易的进行和完善都需要互联网等计算机网络技术来实现信息的交流与传输，这就离不开计算机硬件和软件技术的支持。而电子商务对应的信息和软件处理程序要不断更新优化，以适应市场的需要，这个过程中信息技术服务起着至关重要的作用。

中国存在一个庞大而低端的消费市场，而且这个市场在绝对意义上说，远远没有饱和，无数商品还没有被寻常消费者享受到，商业并没有得到更广泛普及。而在短期内，国民的收入不会发生大的变化，这也导致中国对高端消费的抑制，这个时候，发现新的需求，并且创造出新的需求模式，显得尤其重要。

有关学者将生产要素的新组合方式归入技术创新和制度创新范畴。认为制度是用于规范人类社会经济行为和相互关系的一系列规则，商业模式则是一种微观企业制度。技术创新和制度变革都能够推动经济的不断增长，然而经济增长并不仅仅是技术或者制度的“单线决定论”，而是由相对成本收益决定的。由此可知，企业的发展也不仅仅是技术创新或者商业模式创新能够“单线决定”的。

至于技术创新和商业模式之间的关系，Pateli 和 Giaglis（2005）以出版业的商业模式设计与变革为案例，用权变理论分析了技术创新引发商业模式变革，提出在技术创新影响下企业可参考的商业模式变革的方法论框架。吴菲菲等（2010）对国内外新技术引致商业模式研究的进展和动向进行了分析，认为商业模式的变革要受到新技术的影响。Chesbrough 和 Rosenbloom（2002）认为商业模式是企业为了从技术中获取价值而构建的合理收益架构，并以施乐公司为案例进行研究，发现企业倾向于对适合其商业模式的技术进行投资。刘常勇（2005）认为技术本身就是一种商品，必须寻求适当的商业模式，使技术成果商业化，从而创造出更多价值。

可见，有的学者认为技术创新影响商业模式的变革；有的学者认为商业模式有利于技术在企业价值创造中发挥作用，从而引导技术向适合其商业模式的方向创新。总的来说，企业技术创新对商业模式有一定的影响，但是商业模式是基础，决定着技术创新能否在企业价值创造中发挥作用。

产品：商业价值的有形载体

任何一种产品都是为了满足客户需求而产生的，没有需求的产品不能销售出去，就不会给企业带来利润。快速多变和不断细分的市场，以及多样化和个性化的客户需求，形成了新的动态竞争环境。面对这样的环境，美国麻省理工学院（MIT）Nam P. Suh 教授提出了公理化设计理论，他认为产品设计是客户需求域、功能域、物理域和过程域之间的映射过程。按照这个设计方式创造出来的产品，才能被客户所需要，并能卖出去。所以，客户需求作为产品设计的输入，对产品设计、生产起着决定性的作用。

在我国钢铁行业有一句流行的话，即“没有疲软的市场，只有疲软的产品”，所谓疲软的产品就是满足不了市场需求的产品。

产品的质量代表着企业的市场形象。“质量是生命”充分说明了在市场经济条件下产品质量与市场的关系。市场经济条件下，市场是监测产品质量优劣的最权威的评判官，用户的满意程度是检验产品质量的根本标准，达到了质量标准的产品如果用户不满意就不是好产品。所以，产品的好坏是由市场说了算的。

那么，对于采取被动赢利方式的企业来说，应该怎样做产品呢？

1. 做好产品质量

质量是产品的生命，新产品更要依靠高质量来树立口碑，创立品牌。要做高质量的产品，企业必须全员参与，每位员工都有义务和责任做好产品质量，并牢固树立品质意识，严格控制和执行好产品的操作流程。要求公司领导者和每位员工都全身心地投入到产品质量管理当中，把质量目标灌输到每个员工的心中。主要从进料检验、生产过程、出厂检验、售后服务等方面去控制，从而确保产品的整体质量。

美国一家跨地区商务连锁酒店企业由于市场竞争加剧，经营业绩已经几年徘徊不前，在明确了不改变主业以及依旧以商务人士作为自己的目标消费群的前提下，公司对商务人士的就餐需求进行了多维度的分解分析。经过细致的调查分析，他们了解到，这些商务人士对于就餐需求最关注的竟然依次是味道、环境、交通便利性、服务质量稳定性、价格等，依据这样的事实，他们在改进饭菜质量的前提下，为各地的连锁店的单间用最好的隔音材料进行了重新装修，配备了舒适的桌椅，在提供稳定的服务水平的同时将价格重新统一定位在中档水平，而在其他方面只满足最低水平，不加重点关注，改变以后，饭店的营业额不断攀升。

2. 产品在不能有效满足客户需求的时候，可以尝试转换客户需求

转换客户需求，其实就是从产品或服务上下功夫。

一家装备制造企业一直为居高不下的库存问题所困扰，针对解决库存问题这个需求，常规方法很难令客户满意，在具体分析了行业相关情况和客户的具体业务流程的基础上，引入战略合作联盟的方式转换客户需求，在生产线两旁根据所需配件的情况建立数个独立的小型仓库，并对相关的供应商统一公开招标，并收取一定的租金，根据生产情况，实行现用现结的方式实现零配件的“零库存”，实际运作效果非常好。

3. 拆分或合并客户需求

拆分需求是指专注于满足客户的一部分需求，有时也能达到事半功倍的效果。美国西北航空公司将传统意义上的飞行移动需求中的供应饮食等附加服务取消，只专注于满足顾客的短途飞行移动的核心需求，事实证明，这种创造性地满足客户需求的方式是极其成功的。

合并客户的需求也是一种同样的思路，在竞争对手都采用同样的方式满足类似的客户需求的时候，增加相关的服务，从单纯的提供产品转变为提供综合的解决方案，从而确立自己的竞争优势。

企业创造被客户需求的产品时，需要注意的是客户的需求是无止境的。由于客户需求的多样性和随着时间不断地发生变化，事实上不存在一劳永逸的客户解决方案，聪明的做法是一点点地满足客户的需求，根据企业自身资源的情况和外部环境的变化趋势，不断扩展产品的新类别和品种花色。

另外，企业要时刻记住满足客户的需求是为了把产品卖出去。企业创造性地满足客户需求的最终目的是通过产品争取到更多、质量更好的忠实客户群，而为企业带来更好的利润水平的增长，或使企业获得并保持持久的竞争优势。

现今满足人们的衣食住行、文化、娱乐的产品琳琅满目。然而，人们的需求会随着时代的发展，生活水平以及消费水平的提高而改变。产品种类众多，但不一定是消费者喜爱的产品。并且不同消费者的需求又是不同的，消费者这一方面的需求满足了，又会有另一方面的需求显现出来。比如饮料市场，消费者对饮料的认识也有一个逐步变化的过程，饮料最初的功能是解渴，而味道好是其立身之本，因此市场上的大部分饮料都能满足消费者解渴、味美之需求。而现代人更注重保健，因此厂家又抓住机会推出纯水、蒸馏水、太空水，还有营养丰富的纯果汁。而以“解口渴更解体渴”为口号的“佳得乐”，以“渴了喝红牛，累了困了更要喝红牛”为口号的“红牛”更是将饮料的实际功能凸显出来，抓住了消费者日益增长的保健倾向和功能需求。那么到此为止，饮料市场是否再无机会可寻了呢？否也。有一家合资企业又在筹划一种饱腹型饮料，它的原料是纯天然稻米的胚芽和种皮，经过专门的加工处理，制成罐装饮料，它营养丰富，喝一罐肚子会饱，可当早餐或点心，又可减肥，同时还可节省工作繁忙者的时间。相信其他饮料生产企业也会在深入研究消费者的需求后，抓住良机，适时推出成功产品。

总之，企业为了能够在市场竞争当中取得优势，获得更多的利润，就必须进行深入的市场调研，预测未来的消费者市场。无论是利用现有市场的空隙，还是预见未来市场的方向，从而把握市场机会，都要把研究消费者需求作为首要任务。深入、全面地对消费者需求进行分析研究，弄清哪些是已满足的需求，哪些是未满足的需求，哪些可能是将来会出现的需求，这样才能及时发现市场机会，做企业营销的主人。

品牌：最有价值的无形资产

品牌不仅代表着一个国家的创造力，也是一个国家经济实力和国际竞争力的象征，同时是企业核心竞争力的体现，所以，在品牌竞争时代，如何提升品牌，塑造国际化品牌，关系到我国企业能否掌握未来市场的主导权和其在新一轮的目标市场竞争中的兴衰成败。我国企业要想在激烈的国际竞争中立于不败之地，必须适应品牌竞争时代的要求，进行资源整合，提升品牌，开展品牌营销，从而创立我国的世界名牌。

品牌作为企业和企业产品的外在形象及内在精神的标志，具有使产品本身更为简单化、形象化和容易传播的功能。它是产品或服务相关信息的载体，是企业用来沟通生产者、销售商和顾客的交流工具，是企业产品性能、质量、服务、信誉等的概括和反映。品牌也是企业参与市场竞争，吸引消费者和发展无形资产的锐利武器。

美国广告研究专家莱利·莱特说："未来的营销是品牌的战争——品牌互争长短的竞争。商界与投资者将认清品牌才是公司最宝贵的资产。拥有市场比拥有工厂重要得多。唯一拥有市场的途径就是拥有具有市场优势的品牌。"从一定意义上来说，开放和竞争的世界就是名牌的世界。在激烈的市场竞争当中，品牌就是市场的灵魂。品牌的竞争力可以体现出产品和企业的竞争力。许多跨国公司之所以能够在世界范围内打造自己的企业帝国，靠的就是树立品牌大旗，以此来确立其在市场竞争和世界经济中的地位。品牌在市场经济中已起到不可估量的作用，它已经成为衡量企业经营效能的指标。企业经营的好坏，完全可以借助品牌来衡量。

品牌能够向消费者和社会传递产品的质量性能和企业的市场信誉，特别是著名品牌更是商品高质量的象征，购买这类商品使消费者有一种安全感、可靠感。同时，消费者如果购买的商品质量有问题，也可以根据品牌与企业交涉，保护自身的权益。企业为自己的产品确定品牌后，事实上就明示了企业对顾客、消费者的质量承诺和责任，同时也通过品牌的专有性使企业的产品特色得到法律保护。因此，企业要通过严格的生产管理、先进的生产工艺、高素质的员工，本着对用户负责的精神等，充实品牌商品的内涵，提高产品的可信度，提高品牌商品的质量和服务水平，为消费者提供切实可靠的质量保证，吸引顾客，拓展市场，扩大市场影响力。

品牌要具有品牌文化，品牌文化是品牌战略的精神源泉和支柱。

有文化内涵的品牌才更具生命力和竞争力。以自己的文化底蕴，唤醒消费者的潜在消费意识，吸引消费者的现实消费需求。从某种意义上说，名牌产品的生产厂家推出的并不单单是产品，而是包含了某种文化内涵和精神理念的产品。所以，企业要善于利用品牌的文化优势，将无形的文化价值转化为有形的品牌价值，把文化财富转化为企业竞争资本，使品牌的文化内涵带给品牌更高的附加值和市场价值，使品牌文化为品牌注入神奇的活力。

企业品牌战略是按照现代市场和企业管理规律建立的新型战略模式，对企业的经营管理有着重大的指导价值。因此品牌战略不是一个单一的模式，而是一个包含品牌化决策、品牌模式选择、品牌识别界定、品牌延伸规划、品牌管理规划与品牌远景设立六个方面的综合体系。

品牌战略的确立应该围绕企业的竞争实力来进行，商家要根据自己的情况、行业的特点、市场的发展、产品的特征，灵活地制定合适的战略。

LV（路易威登）由路易·威登创立于1854年，它因创立者的名字而得名。在1867年的世界博览会上路易·威登获得了铜奖，这使得其品牌名声大噪。1893年路易·威登的儿子乔治在美国芝加哥的世界博览会上展示了路易·威登的产品，从此这一品牌正式登陆美国。此后，乔治一直致力于提高品牌的国际知名度。

一个世纪后，印有“LV”标志这一独特图案的交织字母帆布包，伴随着丰富的传奇色彩和典雅的设计而成为时尚之经典传遍欧洲，成为旅行用品最精致的象征。如今LV已经是世界公认的奢侈品牌了，人们已经把它当成一种社会身份地位的象征。

世界著名的奢侈品牌爱马仕也是如此。

爱马仕于1837年由Thierry Hermès（蒂里·爱马仕）创立于法国巴黎，早年以制造高级马具起家，迄今已有170多年的悠久历史。爱马仕品牌所有的产品都选用最上乘的高级材料，注重工艺装饰、细节精巧，以其优良的质量赢得了良好的信誉。1867年，在巴黎举行的万国博览会中，爱马仕便凭借精湛的工艺，赢得一级荣誉奖项。此后，爱马仕成功拓展了欧洲、北美、俄罗斯、美洲及亚洲市场。这家以手工艺为本的公司，将过去、现在和未来融合在一起，创造出了精妙的和谐。依靠对原材料品质特性和对品牌传统产品的深入了解，爱马仕会继续壮大，却绝不会失去自己的灵魂，赢得了全世界人们的认可。

品牌主要由产品知名度、信誉度、美誉度组成。它是一种文化、一种表达、一种责任，象征一个企业、一个产品的信誉和品质，包含着一个企业、一个产品的承诺，保障作用和服务。品牌不仅是视觉识别的LOGO（商标），需要通过社会对企业资质管理产品及信用进行全面审核并通过大众认可。一旦商品形成某种品牌，这种品牌就会成为消费识别、消费忠诚、情感连接、树立信心等所有力量的聚合。所以，也就能够增强企业效能。但是，品牌的建立不是一朝一夕就能够完成的，而需要企业整合和利用一切可以利用的资源，全力打造出符合消费者需求的新品牌。

要素间的作用方式

市场经济是竞争经济，优胜劣汰、适者生存是无情的市场竞争法则。随着我国市场经济的进一步发展，越来越多的企业意识到只有占有市场且获取高额利润，才能够在竞争中取得胜利，使企业得到不断地发展。

1. 商业模式的构成要素

商业模式是一个企业获得发展的基础，它的构成要素对一个企业的战略目标有着至关重要的作用。由于商业模式概念的多样性以及社会不同阶层对商业模式认识的侧重点不同，使得商业模式构成要素的划分也不尽相同。商业模式构成要素包括企业的各种资源，比如，资金、原材料、人力资源、作业方式、销售方式、信息、品牌和知识产权、企业所处的环境、创新力等。通常来说，优秀的商业模式至少包含以下一些基本元素。

（1）市场需求

公司所要填补的需求是什么？或者说，要解决什么样的问题？如何定义目标客户？要解决怎样的方案？

（2）如何营销

就是如何让自己的产品占领市场，在销售渠道和营销方案上，要做得更易于让客户接受。

（3）生产过程

生产过程既是产品制造过程，也是员工根据材料对劳动对象进行加工，而形成产品的过程。

（4）如何赢利

也就是说，企业是如何赚钱的？在经营要素中找到赢利点，即探求企业利润来源、生成过程以及产出方式的系统方法。还有人认为，它是企业通过自身以及相关利益者资源的整合并形成的一种实现价值创造、价值获取、利益分配的组织机制及商业架构。

（5）成本控制

在生产产品的过程中公司的成本有哪些？成本控制是企业在竞争中取胜的关键战略之一，是企业取得成功最重要的方面。有效的成本控制管理是每个企业都必须重视的问题，抓住它就可以带动全局。

（6）市场竞争

从一定程度上来说，没有竞争者就没有市场；市场竞争是市场经济的基本特征。企业从各自的利益出发，通过有效的商业途径获得更多的市场份额。通过竞争，实现企业的价值。

2. 整合要素的能力

企业赢利的实现离不开各种元素的组合并发生作用，因此，企业要持续健康地发展，必须具备一定的整合各要素的能力。而这种能力本身又是多种能力的聚合，具体来说包括以下几种。

（1）市场决策能力

市场决策是企业辨别发展陷阱和市场机会，对环境变化做出及时有效反应的能力。如果企业不具有这一能力，企业的发展也就无从谈起。

（2）组织管理能力

企业要发展，最终需通过企业组织管理来实施。企业决策力和执行力也必须以它为基础。因为，企业组织管理能够明确而恰当地界定企业组织成员相互之间的关系，并选择恰当的人员承担并完成既定工作目标，给决策力和执行力提供有力的保障。

（3）员工竞争力

人才是企业的关键要素，企业的一切事务必须靠高技术的人来完成。只有充分调动员工的积极性和能动性，才能保证事事都做到位。否则，企业的决策力和执行力也就成了无源之水的空话。

（4）品牌竞争力

品牌需要以质量为基础，但仅有质量却不能构成品牌。它是强势企业文化在社会公众心目中的折射体现，因而它也直接构成企业整合内、外部资源的一种能力。没有品牌竞争力，企业组织内部和外部都不认同企业的做事方式和行事结果，企业也就谈不上有什么竞争力，更谈不上有核心竞争力。品牌一旦形成，又直接是一种资源，因而它是构成企业支持力的一个重要内容。

（5）创新力

创新是企业的动力。没有创新力的企业，在市场竞争中必然会处于被动挨打的境地。所以，企业要发展就必须要有创新力。创新能力既是企业支持力的重要内容，又是企业执行力的重要内容。

（6）价格竞争力

每个顾客在购买商品的时候都会对同类产品进行比较，选择出性价比较高的产品，这其中价格就是一个比较关键的要素。在质量和品牌影响力同等的情况下，价格优势就是竞争力。没有价格优势，最终会被消费者淘汰。

（7）成本控制力

决定产品价格的基本因素是成本，如果企业能够有效地控制成本，就可以在市场竞争中灵活自如地运用其价格策略调控市场，从而获取最大的利润。对企业来说，如果产品成本高于市场价格，市场机制就会迫使企业降低成本，不降低成本企业就难以生存；如果产品成本低于市场价格，企业就可以获得高额的利润。成本与市场息息相关，企业要把握市场的主动权必须采取有效的措施控制成本。

（8）文化竞争力

文化竞争力是由共同的价值观念、共同的思维方式构成的一种合力，它直接起着协调企业组织的运行，整合其内、外部资源的作用。在企业文化的号召下，企业员工会形成共同的价值观念、共同的思维方式和共同的行为准则。

这 8 个方面的能力是企业赢利的必备要素，作为一个整体，缺一不可。从整合企业资源的能力的角度进行分析，这 8 个方面的能力，任何一个方面能力的缺乏或者降低都会影响企业的赢利。

创造差异化竞争优势

差异化战略是增强企业竞争优势的有效手段。差异化战略，又叫作别具一格战略，为了使企业产品、服务、企业形象等与竞争对手有明显的区别，获得竞争优势，可以采取这种战略。这种战略的重点是创造一种独特的产品（服务）。差异化战略的方法多种多样，比如，产品差异化、服务差异化和形象差异化等。

海底捞在继承川、渝餐饮文化特色的基础上，不断创新，以独特、纯正、鲜美的口味和营养健康的菜品，赢得了顾客的一致推崇，在消费者心中留下了“好火锅自己会说话”的良好口碑。其实，它的成功，主要缘于差异化战略的实施。

海底捞始终坚持“绿色、无公害、一次性”的选料和底料原则，严把原料关、配料关，十几年来历经市场和顾客的检验，成功地打造出了信誉度高、颇具四川火锅特色、融汇巴蜀餐饮文化的优质火锅品牌。

海底捞的火锅有10多种锅底，口味选择丰富。它的调料，除了一般的麻酱和油碟外，还有海底捞自制的特色调料，20多种原材料任由搭配。

海底捞在保证产品安全卫生的同时，将后堂操作透明化，使顾客产生了信赖感，产品形成了品牌效应，达到了更好的差异化效果。

海底捞火锅“西式化”“时尚化”环境成了赖以制胜的关键。海底捞通过对环境属性的加强，更加吸引了消费者。

实现差异化战略，可以培养用户对品牌的忠诚，从这个意义上来说，差异化战略是使企业获得高于同行业平均水平利润的一种有效的竞争战略。差异化，就是竞争力。

旅游网站途牛旅游网日前完成第三轮融资，获得融资额5000万美元，这也是该领域内截至目前单轮最大的一笔融资。

2014年4月，途牛网获得了包括红杉资本在内的4家投资机构约5000万美元的联合投资。途牛网COO（首席运营官）严海锋表示，此次募集资金将主要用于公司扩张上。

途牛网成立于2006年，由该公司的CEO（首席执行官）于敦德和COO严海锋这两位80后创办。与旅游网站内的领头羊携程定位于酒店、机票的预订服务不同，途牛网定位于专做旅游线路预订。起初，业内对其并不看好。如今，这家旅游网新军每年的增速都超过300%。

事实上，途牛网吸引红杉资本等投资者的是，国内旅游的市场前景以及途牛网的差异化商业模式。国内的旅游市场已拥有约1万亿元的总规模。波士顿咨询公司分析报告则指出，到2013年，中国已赶超日本成为全球第二大旅游市场。其中，占中国旅游业务和支出绝大部分的国内游预计每年增长16%。到2020年市场价值将增至3.9万亿元人民币。

在旅游市场，携程、艺龙等已在渠道、产品资源等方面的优势，为后来者树立了强大的竞争壁垒，想要通过复制它们的模式获得成功的可能性非常小。严海峰说："显然我们是没有办法和携程、艺龙在传统业务领域内竞争，只能走差异化的道路。如果说他们是向左走的话，那我们就是向右走。"

从创立初始，途牛网的定位是"只卖旅游线路"，并以"网站+呼叫中心+旅游线路"的商业模式展开业务。由于酒店、机票业务利润很高，让多数企业忽视了旅游线路的预订这一细分领域。不过，只做旅游路线要求企业利用互联网优势整合产业链，通过呼叫中心与业务运营系统服务客户。

2010年，途牛网的销售额达到了4亿元左右。2011年销售收入已超过10亿元。

差异化的竞争对市场价格、市场竞争、市场集中度、市场进入壁垒、市场绩效都会产生不同程度的影响，不仅能够满足某些消费群体的特殊需要，还可以与竞争对手相抗衡，更能够降低顾客对价格的敏感性。那么如何来实施差异化战略呢?

1. 产品差异化战略

所谓产品差异化战略，是从产品质量、款式等方面产生差别，寻求产品与众不同的特征。对同一行业的竞争对手来说，产品的核心价值是基本相同的，不同的是性能和质量。

例如，在众多的鞋企品牌当中，提起篮球鞋人们就会想到耐克，提起足球鞋人们就会想到阿迪达斯，提起帆布鞋人们就会想到匡威……这就是产品差异化反应。企业应该在满足顾客基本需要的前提下，率先推出具有较高价值和创新特征的产品，以独特的个性占据有利的竞争优势地位。

2. 服务差异化战略

所谓服务差异化，指的是面对较强的竞争对手，企业在服务内容、服务渠道（服务）形象等方面采取有别于竞争对手的方法，从而战胜竞争对手在服务市场立住脚跟的一种做法。目的是要通过服务差异化突出自己的优势，与竞争对手相区别。比如无形产品有形化，给顾客赠送附有酒店广告的卫浴用品等。

服务产品是比较容易模仿和复制的，相比之下，高水准的质量管理能力不容易复制，因为高水准的质量管理包括员工训练、程序管理、技术开发等众多内容，不容易复制。

3. 人才差异化战略

人才差异化战略是差异化战略的一种形式，是指通过聘用和培训获得比竞争者更为优秀的人员来获取差别优势。训练有素的员工一般都具有这样五个特征：工作能力、礼貌、忠诚度、反应敏捷、善于交流。

市场竞争归根结底是人才的竞争，为了增强企业整体的软实力，企业要培养专业的技术人员、管理人员和销售人员。从产品的设计与研发，到营销策略的制定，到将产品交到顾客手中……整个流程要规范化。人才差异化战略也是企业重磅出击的一件利器。

4. 品牌形象差异化战略

为了获得差别，有时可以在产品的核心部分与竞争者类同的情况下塑造不同的产品形象，这就是形象差异化战略。形象是公众对产品和企业的看法和感受，塑造形象的工具有名称、颜色、标志、标语、环境、活动等。

在实施形象差异化战略时，企业要有创造性的思维，要持续不断地利用企业所有的传播工具对竞争对手的形象策略、消费者的心智采取不同的策略。

比如，特步公司的“×”标志独具一格，与耐克的“√”标志形成了鲜明对比，传达出一种“坚持在否定中超越自我、超越对手”的开拓精神。

第七章　各维度的流程模式设计

培训：设计符合公司实情的培训模式

很多企业总是觉得人才梯队难以跟上，优秀的员工难选、难育、难用、难留。所以，打造企业的核心竞争力，人才培养是关键。人才的培养要靠企业对员工进行培训，不断提升员工的职业素养和知识技能。只有打造一支高绩效的团队，才能使企业从优秀到卓越，永远基业常青。

随着现代经济的发展，我们不难发现，企业之间的竞争归根结底也是人才的竞争，从某种意义上来说，也是企业培训的竞争。未来企业，获得优于竞争对手的唯一途径，就是比竞争对手学得更快。重视员工培训、重视员工综合素质的提升和对企业文化的认同，把企业建成学习型组织，通过提高企业核心竞争力，从而最终实现企业与员工“双赢”，是企业获得发展的最根本手段。所以，企业要建立一套适合自己的培训模式。

1. 培训目的

员工培训计划的制订应该本着创建一支高素质、高技能、高效率的团队。长期系统的培训对企业的长期战略实现尤为重要。

①促进员工个人素质的全面提高。

②维持从业人员的高昂士气。

③给予全体从业人员晋升的机会。实施训练，提供与公司共同发展的机会。

④推动和完善企业文化的形成，树立企业形象。

⑤优化企业人才结构。促进员工快速地成长，有利于企业工作效率的飞速提高。

⑥增强企业的向心力。员工在培训中相互接触、相互了解，从而加深了对企业的感情，使企业员工归属感增强。

2. 培训计划

公司各部门负责人在每个季度，自行安排时间，对本部门的员工进行内训，实现部门与员工个人的发展目标，有计划地对本部门进行培训，提高与工作相关的知识、技能、素质，以适应并胜任职位工作。

3. 培训模式

（1）新入职员工的培训

新入职员工是一个企业的新鲜血液，他们的脑子灵活，善于根据不同情况做出不同反应，思维超前，是企业发展的后备力量。对新入职员工主要进行以下几项培训。

①认知培训。认知培训主要包括企业概况、企业历史与愿景、企业的组织架构、企业管理制度、企业文化等内容。学习的方式为集中培训，并由公司行政部负责进行讲解。认知培训的主要目的是帮助新员工全面而准确地认识企业、了解企业，从而尽快找准自己在企业中的定位。

②职业培训。职业培训是为了使新员工尽快成为适应本企业发展的一名职业化的工作人员。其主要内容包括社交礼仪、人际关系、沟通与谈判、工作方法、团队合作技能等。通过互动的方式，让新员工在互动过程中领悟所学知识，这样才能在以后的工作中运用自然。

（2）非工作技能的培训

公司要训练员工的非工作技能。一般来说，进入公司之后，自然要与人沟通，要向上司汇报工作，要和同事交流经验。为了使员工在众人面前说话不紧张、不怯场，最好多做这方面的培训。其实，表达能力的培养是员工自信心的培养。

（3）在职员工培训

①专业知识培训。旨在使员工获取更好的发展基础。员工只有具备一定的专业知识，才能为其进一步发展提供坚实的支撑。

②工作技能培训。知识只有转化成技能，才能实现其真正的价值。员工的工作技能，是获得发展的根本。员工专业技能成熟才能按计划、按流程、按标准等操作实施，完成工作任务。因而，技能培训也是企业培训中的重点环节。

③员工素质培训。员工的素质决定企业的精神。员工只有具备了扎实的理论知识和过硬的专业技能，才能促进企业的发展，但如果没有正确的价值观、积极的工作态度和良好的思维习惯，那么，员工给企业带来的很可能不是财富，而是损失。所以员工的素质培训也是企业必培训的重点。

4. 培训效果的评估

培训效果要从有效性和效益性两方面进行评估。培训的有效性是指培训工作对培训目标的实现程度；培训的效益性则是判断培训工作给公司带来的全部效益。通过对培训的有效性评估，可以找出培训中存在的问题。通过对培训的效益性评估，可以检查出培训的经济效益的高低。正确评估是公司培训工作的一个必要环节。由于培训效果有些是有形的、有些是无形的，有些是短期的、有些是长期的，因此培训效果的评估十分复杂。所以，正确评估培训效果要坚持一个准则，即培训效果应在实际工作中（而不是在培训过程中）得到检验。

产品研发：企业生命力的体现

每个成功企业的背后，总有一个值得业界同行学习的产品研发过程。历史上宝洁的产品经理制、摩托罗拉的六西格玛、IBM（国际商业机器公司）的IPD（集成产品开发）、微软的软件研发过程等都对时代的发展产生过较大影响。

新产品开发工作是指运用国内外在基础研究与应用研究中所发现的科学知识及其成果转变为新产品、新材料、新生产过程等一切非常规性质的技术工作。新产品开发是企业在激烈的技术竞争中赖以生存和发展的命脉，产品升级换代对占领市场、提高企业知名度有重要作用，它对企业发展方向、产品优势、开拓新市场、提高经济效益等方面起着决定性的影响。公司新产品开发必须严格遵循产品开发的科学管理程序来开展工作。

2000年以前，中国的互联网发展还比较缓慢，中文搜索引擎服务更是一片空白。这一良好的商机被远在海外的李彦宏看在了眼里，他毅然决然地放弃了美国的工作带着引擎专利技术回国创业，成立了百度公司。百度公司从当初的几个人发展到如今，员工已经接近两万人，百度也成了中国具有主要地位的中文搜索引擎。

百度在成立之初就致力于为人们提供信息，并且快速地满足用户要求。百度搜索平台不需要多么复杂的操作就能够满足用户的搜索需求。因此，它成了值得人们信赖的搜索服务平台。百度的中文搜索引擎技术水平是毋庸置疑的，几乎覆盖了所有中文网站搜索需求。

百度是在2005年成功上市的，一上市就打破了很多纪录，书写了该行业新的篇章。作为第一家进入纳斯达克的中国公司，百度始终秉承“用实力证明自己”的理念，因此，在世界资本市场抢占了一席之地。

百度成熟的框计算，给整个互联网产业带来了巨大的冲击，促进了这个产业的全面升级。框计算的推出还引出了百度更为开放的平台服务，使得更多优秀开发者有了创新、创业的平台，带动了一番互联网创新热潮。

百度在国内的地位已经跃居最具价值的品牌之一，还曾被英国具有很大影响力的报纸称为“中国十大世界品牌之一”。

百度能拥有众多的用户与其产品研发和服务是密切相关的。百度早期的产品在时间的历练下已经变得非常成熟，并且根据用户的需要随时更新，新的产品则是为了适应整个互联网的发展开发的，是一种新的技术创新。

1. 框计算

框计算是一个全新的概念，由于用户的需求是录入在框中的，因此而得名。这一技术自动反馈能力是非常强的，用户能及时得到最佳结果。这是互联网比较高端的智能技术，使满足用户需求的答案出现时间缩短了一大截。

2. 云服务

百度提供的云服务一方面为开发者提供便利，另一方面为个人用户提供便利。目前百度已经正式把战略转移到云服务上，为开发者建立了中心网站并且提供相应的服务，致力于建设和谐的生态系统。云计算最重要的能力要属掌握了许多数据和拥有超强运算能力，在亚洲范围内完全达到了一流水平。百度云服务在推出 60 天后用户数量就超过了 1000 万人次，这只是一个好的开始。

3. 百度移动

百度移动的出现是适应互联网转型的要求，由PC（个人电脑）客户端转移到移动客户端。百度移动选择了多个入口紧紧抓住了移动互联网的致命关键，进而逐渐渗透并且占领了移动领域。

4. 凤巢系统

百度从2009年就开始提供专业服务，为各种专业企业进行推广活动，更专业的服务平台为企业赢得了更多商机，吸引目标更明确的用户，能够起到更好地推广效果，这一系统对于用户和企业都具有非常重要的意义。但是新的系统仍然处于探索期，企业和用户该如何适应新的技术是必须要考虑的问题。

百度拥有的技术团队拥有世界一流的水平，在科技创新和产品创新方面不断地努力，百度在发展企业的同时也尽自己所能服务社会，在辉煌的成绩面前，百度没有止步不前，而是在技术上不断探索。如今，百度还能稳稳地坐在搜索引擎第一的位置，离不开之前和现在的努力。

很多企业在产品研发上都投入大量的人力物力，例如，耐克和美特斯邦威就非常专注于自身的产品研发和销售，才使企业是在建设品牌而不是设计企业，同样承包生产业务的华硕和富士康就是在生产业务的基础上走出了自身品牌的建设道路，成为了营销链条中的上游链条，使得企业得到了长远的发展。

生产：生产模式的变革关系到公司的发展

知识经济时代的到来使人们的需求日新月异，使产品更新换代的周期越来越短，多样化、个性化的市场已经形成。在当今全球激烈的市场竞争环境中，有竞争优势（市场、研发、制造、组织优势等）才是企业制胜的根本。

需求转换成产品要求快速且需满足客户多样化、个性化的需求，必然使公司生产的产品向多品种、小批量、多批次、短周期方向发展，导致了产品实现过程的复杂度和多变性，也必然带来企业整个生产模式（需求—设计—制造—销售与服务）的变革，使之具有高效率和高柔性的功能。

美国著名管理学家 Levitt（莱维特）在 20 世纪 70 年代提出了“服务工业化”的观点。他认为，管理人员可以通过生产体系客观地控制产品的质量，企业可以使用现代化设备和精心设计的服务操作体系，取代劳动密集型的服务工作，进行大规模生产，但这种模式取决于两个假设：一是管理人员能够全面控制投入生产过程中的各种资源和生产过程中使用的技术；二是管理人员规定的质量，消费者感觉中的服务质量与消费者行为之间存在明显对应关系。

在市场经济体制下，企业要关注的不仅仅是营销方面的问题，还要重视生产问题，甚至需要考虑产前决策、新产品的开发。因为，市场经济要求企业树立正确的产品生产观念，以社会需求为中心，以产定销，坚决克服无目标的生产模式。所以，企业一定要一手抓生产，一手抓营销，两手抓，两手都要硬。

现代企业生产模式的发展方向就是把当今最适用的信息技术、计算机网络技术、计算机控制技术、自动机械工程技术等同现代企业先进的管理、生产、营销手段和方法、思想有机结合来开发最大限度满足市场需求的综合的人机系统。它能最大限度地满足个性化顾客的需要，是一种真正实现“心想事成”的生产和营销模式，被人们称为“柔性销售生产模式”。

“3D（三维）打印技术将与其他数字化生产模式一起，推动第三次工业革命的出现。”这是2012年英国《经济学人》所刊登的文字，简单直接，一针见血地彰显出3D打印技术的革命性、划时代意义。

之所以将“3D打印技术”称之为革命性的、划时代的，是因为它在制造技术层面，推进制造技术实现质的飞跃。3D打印技术的核心价值在于它能有效降低制造业的成本，同时缩短生产周期，具备这两大优势，它才当之无愧地成为“第三次工业革命最具标志性的生产工具”。

打个比方，你只需在电脑中绘制一个三维鼠标图，然后按下“确定”键，一个由你亲手设计，上一秒还在电脑绘图板中，下一秒一个实在的鼠标外壳就可被“打印”出来，你会惊喜吗？你会！甚至，你会觉得世界在变化，你的生活在不断地革新和被创造……

因为，我们如果按照传统的制造方式，要想制造一个普通的鼠标外壳，首先，需要完成最基本的七八道工序：绘制草图—制作泥模—雕刻鼠标原型—生产出模具—用压力将熔融的塑料注进模具—冷却成型—批量生产。

但是，当3D打印技术进入到我们生活之后，你只需要在电脑中绘制一个三维鼠标图，按下“确定”键，然后喝一杯咖啡，或者听一首音乐，一个鼠标外壳就可“打印”出来。也就是说，3D 打印技术的普及，可以大大加快和激活我们的制造技术和生活节奏，无论是复杂烦琐的工业零件，还是我们的咖啡杯、小勺子，只要建立相应的三维数据和配备适合的材料，我们就可以将模具和刀具扔进垃圾桶，直接“打印”出来。

或许很多人会问，凭什么 3D 打印技术就这么神乎其技呢？其实，3D 打印技术也有自己一套独特的运作原理。

3D 打印技术其实参照的就是打印机技术原理，学会如何分层加工。首先，它会将计算机设计出的物体，细化分解成 N 层平面数据，根据这些平面数据，它会把金属、陶瓷等粉末材料按平面数据烧结在一起，从而形成一个平面形状，继而再通过一层一层的累积叠加，生成一个立体物体。取巧的，这个做法和动画制作的叠加相类似，进而实现平面向三维发展的形态。

运作原理看似不难，但它的作用却非常的巨大，一来 3D 打印技术和传统的去除材料加工技术不同，3D 打印技术会从二维开始，大大降低耗材成本，它会将多维制造变为简单的由下至上的二维叠加，也降低了设计与制造的复杂程度。二来 3D 打印技术和传统制造技术相对，它的前期可塑性比较强，设计空间也大，可以制造出传统方式很难加工的“奇形怪状”。从这个层面上说，3D 打印技术可以说是动力装备、航空航天、汽车等高端产品的“福音”。人们再也不用躲在闷热的机床旁边，操作复杂而且耗材量大的数控机，也能制造出高端精密产品的关键零部件。

这种生产模式的优点就在于以下几个方面。

①所需人力资源大大减少。采用先进的自动化设备，有利于提高生产效率和节约人力成本。它无论在产品开发、生产系统，还是企业的其他生产部门，与传统企业相比均能减少人力资源。

②利用现代信息技术和 Internet（因特网）的协同工作技术，企业产品开发人员可以同顾客联合开发新产品，大大缩短了新产品的开发周期，并减少了开发新产品的风险，节约新产品的开发成本，缩短了新产品投放市场的时间，从而赢得了顾客和市场。

③由于采用先进的机电一体化生产控制设备，可以大大降低产品成本。

④真正实现了零库存生产。因为生产完全是按用户需要临时组织的，使产品库存为零，节约了大量的仓储费用，并加速了流动资金的周转，提高了资金利用率。

⑤提高了产品质量和服务质量。因为企业完全按顾客要求组织生产，最大限度地满足了顾客的需要。

⑥避免了决策风险、决策失误带来的损失。企业生产销售什么完全是由顾客决定的。企业只是组织生产者，没有决策生产产品的权利，只有组织生产的权利，因而就谈不上承担因决策失误而造成的损失。

⑦完全杜绝了假冒伪劣产品的发生，实现了按用户意图的订单进行组织生产，假冒伪劣产品无生存之地。

⑧为固定客户提供了有利条件。企业可根据顾客的消费行为特征，建立相应的顾客档案、促销手段、服务方式，做到有的放矢，满足个性消费，达到扩大用户的目的，从而为企业带来效益。

⑨使传统的企业管理模式发生了深刻变化，企业的生产、组织、

控制、销售等一切经营活动都是以满足顾客需求为中心而临时组建的，因设备的高度自动化、智能化，减少了人为的控制因素，使生产得以按用户要求实现自动化生产。

随着网络技术的不断发展，柔性生产模式也迅速发展。网络把整个地球变成了地球村，用户不受时间和空间的限制，也不受国家体制、政策的限制，完全能实现自由的商务活动，企业同客户之间是一种协同关系，完全是以提高客户的满足度为目的的。企业发展的核心是市场，市场的核心是消费，而消费正朝多样化、个性化的方向发展。柔性销售生产模式是用现代的一切最新科技成果同消费进行动态结合的一种方式，是以最大限度地满足消费需求为目的的未来企业生产和营销发展的一种新趋势。

总之，生产模式的变革改变了传统企业以产品生产为中心的被动模式，它是以满足顾客最大需求为中心的并主动适应市场的动态模式，是一种"按需生产"的主动模式，能适应社会的发展，适应市场以顾客、消费为核心的需要，将人们消费需求带入一个自由飞翔的境界。

预算：预则立，不预则废

企业预算管理是在企业战略目标的指引下，通过预算编制、执行、控制、考评与激励等一系列活动，全面提高企业管理水平和经营效率，实现企业价值最大化的一种管理方法。企业全面预算管理是一项重要的管理工具，能够帮助管理者进行计划、协调、控制和业绩评价。另外，企业领导者制定全面预算的过程，也是充分发挥能动性和竞争的导向性的过程。就确定企业利润的本质而言，最主要的还是为了明确企业的奋斗目标，规范企业环节、运行秩序，激发企业潜能，实现企业经营管理优化与经济效益增长。

企业的预算管理连接着市场和企业内部，在不同的市场环境下，企业处在不同的发展时期，企业预算的侧重点不同，所适应的全面预算管理模式也不同。因此，企业在设计自己的全面预算管理模式时，根据自己所处的环境和条件，选择适合自己的预算管理模式，突出不同时期管理的重点。具体可以分为五大预算管理模式。

1. 资本支出预算管理模式

从经营特点来说，资本支出预算管理模式，是由大量现金投入于研发、市场研究、固定资产，净现金流量为负。从资本预算管理模式来说，公司从资本投入预算开始介入管理全过程，预算以资本投入为中心，积极进行投资概算，利用财务决策技术进行资本支出的项目评价，包括项目投资总额预算和各期现金流出总额预算。管理是通过市场营销来开发市场潜力，提高市场占有率。资本预算管理模式关注的主要内容包括以市场为依托，基于提高市场占有率的目标要求和销售预测销售预算，控制生产、成本、费用等各项预算。

2. 销售预算管理模式

以销售预测为基础的预算基本上是按“以销定产”的体系编制的。预算的起点是以销售预测为基础的销售预算，最后保证生产顺利进行的各项资源的供应和配置。在考核时以销售收入作为主要考核指标。

销售预算管理模式的预算体系，主要包括销售预算、生产预算、供应预算、成本费用预算、利润预算和现金流量预算。

以销售为核心的预算管理模式的优点是符合市场需要，能够实现以销定产；有利于减少资金投放，提高资金使用效率；有利于不断提高市场占有率，使企业快速成长。

3. 成本预算管理模式

公司在市场相对稳定的情况下，收益大小取决于成本这一相对可控因素，成本管理策略影响期望利润高低的实现程度。以成本为核心的预算管理模式就是以成本为起点，预算控制以成本控制为主轴，预算考评以成本为主要考评指标的预算管理模式。它是一个企业发展到相对成熟的阶段的重要标志。很多成本有历史数据作为支撑，可以借鉴历史来评价现在的很多成本行为。

在以成本为核心的预算管理模式下，预算主要包括三个基本环节：设定目标成本、分解落实目标成本、实现目标成本。

①设定目标成本。目标成本的设定是整个以成本为核心的预算管理模式的起点，设定方式一般有修正方式和倒挤方式两种。

修正方式：在企业过去达到的成本管理水平上，结合企业未来成本挖掘的潜力及相关环境的变化，对历史成本指标进行适当的修正，以得到当期目标成本的方式。

倒挤方式：目标成本 = 预期收益 − 预期利润。

目标单位成本 = 预期单位产品售价 − 预期单位产品利润。

②目标成本分解和落实。它是指将综合平衡并得到全体职工认可后的总体目标成本值进行分解，落实到企业内部各产品、各单位、

各部门的过程，目的在于明确责任，确定未来各单位、各部门的奋斗目标。目标成本的分解是目标成本预测的最终结果及其目的，分解目标成本时应结合企业的实际状况进行。通常可以先将总体目标成本分解到各种产品当中，然后再将各产品的目标成本分解到各车间或工序中。

③实现项目目标成本。实现目标成本的措施有很多，主要有合同签订、制度建立、人员培训、材料控制、施工组织设计优化等。

4. 以现金流量为核心的预算管理模式

以现金流量为核心的预算管理模式就是主要依据企业现金流量预算进行预算管理的一种模式。资本预算管理模式是以现金流入流出控制为核心，通过对现金流量的规划和控制来达到对企业内部各项生产经营活动的控制。较为适用于业务迅速发展、企业组织处于扩张阶段的企业管理，或大型企业集团的内部控制。

现金流量是这一预算管理模式下预算管理工作的起点和关键所在。从经营特点来看，现金流量预算管理模式的财务特征是大量应收账款回收，而潜在投资项目未确定，产生大量净现金流量。对于快速消费品包括现在很多虚拟产品来说，现金流量达到了现金为王的境界。

实践中，以现金流量为核心的预算管理模式有两种形式：一种是企业日常财务管理以现金流量为起点的预算管理模式，另一种则是产品处于衰退期的企业以现金流量为核心的预算管理模式。

以现金流量为核心的预算管理模式的预算体系，主要由以下几项组成：

①现金流量预算。现金流量预算是以现金流量预算为核心的预算管理模式中预算编制的起点，也是最为关键的环节。现金预算依据的数据资料主要有业务预算、资本预算、利润预测或预计利润表、筹资计划及现金收支的历史资料等。

②经营预算。经营预算包括销售预算、生产预算、供应预算、成本费用预算以及利润预算等在内的各项预算。

③资本预算。资本预算包括固定资产支出预算、对外投资支出预算。

④筹资预算。筹资预算包括经营预算、资本预算、筹资渠道和编制筹资预算。

5. 以目标利润为核心的预算管理模式

从经营特点来看，采用目标利润预算管理模式的公司为了使生命“无限”延伸，必然要向业务的多元化、系列化发展，使集团管理模式得以发展。如何针对不同子公司、分公司的经营控制、业绩考评，以发挥集团整体优势是首要问题。

①以利润为核心的预算管理模式是企业“以利润最大化”作为预算编制的核心，预算编制的起点和考核的主导指标都是利润。

②以利润为核心的预算管理模式的预算体系，基本上与以销售为核心的预算管理模式相同。主要包括利润预算、销售预算、成本费用预算、现金预算。

③在利润预算管理模式下，利润预算的确定是关键。利润预算的一个关键点就是合适地确定预算利润数。

④以利润为核心的预算管理模式主要适用于以下企业：以利润

最大化为目标的企业；大型企业集团的利润中心。

实际工作中，全面预算管理的分类并非绝对，通常各种预算管理模式相互交织，共同构成公司的全面预算管理体系。不管选择哪种全面预算管理模式，最终都是为实现公司目标利润，体现公司整体追求的价值。

使命：使命感即是责任感

企业使命是企业生产经营的哲学定位，是一个企业的经营观念。企业确定的使命为企业确立了一个经营的基本指导思想、原则、方向等，它不是企业具体的战略目标，或者是抽象的存在，不一定表述为文字，但影响经营者的决策和思维。其中包含了企业经营的哲学定位、价值观凸显以及企业的形象定位：经营的指导思想是什么？如何认识事业？如何看待和评价市场、顾客、员工、伙伴和对手。

确定企业使命对企业的生存和发展至关重要，它不仅要考虑到企业使命的内容，还要考虑到企业内外部环境变化的影响，不断修正和完善使命的事宜，不仅要将企业使命与愿景很好地融合在一起，而且要考虑到企业长远的发展战略，将企业使命融入到发展目标中。

新时代的来临，在全面、激烈的市场竞争中，我国企业的生存压力越来越大，各种问题相继出现，如企业家精神的缺失、战略缺位、盲目多元化、低信用危机、企业短命现象、无视社会责任等，企业生存危机加重，与国外企业的差距逐渐拉大……更需要明确企业的使命。

那么，在新环境、新技术时代，怎样才能确定好一个企业的使命呢？一是要明确企业生存和发展的目的，目的越明确、清晰，企业使命越容易制定。二是既要宽泛以便于企业创造性的发展，又要有所限制以避免企业可能出现的不理智的冒险行为。三是要区别于其他同类的企业，反映出本企业的特征。四是应成为评价和衡量企业全部活动的标准，要用企业的全部活动来兑现企业的使命。五是应在高度概括的基础上，做到表述得清楚明白，易于为整个企业内部和外部有关人士了解和理解。六是必须把企业使命同企业目标联系起来，绝不可割裂。

一个与企业相适合的使命，必须能够回答下面的问题。

1. 经营范围

企业是经营什么的？业务是什么？业务应该是什么？经营范围可以从三个方面加以确定：顾客群、顾客需要和技术。

2. 潜在客户

企业的客户是谁？

3. 所能提供的价值（产品和服务）

企业的产品或者服务有哪些？我们对顾客创造什么价值？

4. 发展前景

企业将来的业务是什么？应该是什么？

这些问题看上去很简单，也很常见，但是这都是一个企业或者公司必须做出回答的问题。每个成功的企业都会向自己提出这类问题，并慎重及全面地作出回答。

企业使命是对企业是什么企业、为什么存在的界定和定位，它规定了企业应当做什么、不做什么。企业使命反映了企业的目的、特征和性质，是企业存在的意义和价值，或是企业所肩负的最大责任。确定企业使命是制定企业战略目标的前提，是战略方案制定和选择的依据，是企业分配资源的基础。因此，只有先明确企业的使命，才能制定正确的发展战略，引导企业走向成功的发展道路。

销售：销售模式的取舍和优化

销售模式指的是把商品通过某种方式或手段，卖给消费者的方式，完成“制造—流转—消费者—售后跟进”这样一个完整的环节。现在大家所说的“销售模式”，其实是在市场上已经运用成熟的、行之有效的销售框架。这种框架具有完整的体系，可复制、操作性较强。

销售模式，表面上是使商品在某个市场上获得成功，实际上是对某个市场的开发和“重新洗牌”的销售手段。一个企业的发展，主要是看这个企业的销售能力，销售模式能搞定客户才能生存，让客户追随自己企业才能发展。销售中可运用的战术也是变幻无常，但“心理战术”却是隐藏在所有战术背后的最根本力量。人人都想在销售这场残酷的战争中赢得财富，但是并非每个人都能真正懂得销售。

1. 销售模式的种类

当下市场上运用较多的销售模式分别是直销模式、代销模式、经销模式、网销模式、电话销售模式等。

从严格意义上来说，前面说的几种销售模式只能是基本框架模式。在现代企业实际销售模式的采选中，经常是你中有我、我中有你，几种销售模式混合使用。而且，大家能了解到的销售模式也处于不断地发展和进步中。营销模式的核心在于如何去执行，把一个好的营销策划方案执行到位，取得最大的营销效果，就是最好的营销模式。

（1）传统销售模式

如开店、进驻商场、做批发等。传统的销售模式是最广最普遍的销售模式，随着传统销售模式的发展和竞争越来越激烈，会出现越来越多的促销活动和手法，如打折销售、体验式销售、月供等各种各样的方法。

①批发模式。通过主要大型批发市场的批发商销售货品。利用批发市场全国销售网点多、辐射面广的特点，将产品在市场上快速铺开，迅速实现资金回笼。

②代理商模式。将全国划分为若干区域，每个区域设立代理商，企业授权代理商全权负责该区域内的产品销售，由代理商发展和管理下属终端商。

③特许加盟模式。以特许经营权为核心，由公司总部直接发展终端加盟商，或由特许区域商发展终端加盟商，按照统一的模式进行销售。

④直营模式。品牌服装企业自己选择合适的店铺经营并管理店铺。这样能较好地体现品牌形象、容易实现垂直管理和精细化营销，市场计划执行力强，能够更准确地掌握市场信息。

⑤团购模式。公司团购营销部分直接与大型企业接洽，签订公司司服、职业装定做合同。团购销售模式下公司资金回笼稳定快捷，存货周转时间短。

（2）网络销售模式

网络销售模式是指企业借助于互联网进行各项营销活动从而实现企业营销目标的营销模式。互联网发展的阶段不同，网络营销的手段、方法和工具也有所不同，网络营销模式也从单纯的网站建设模式向多元化模式转变。

①B2C（中文简称商对客）网络销售模式。利用品牌与互联网开展网上销售。公司减少销售环节，节约实际销售成本、信息采集及时、物流管理快捷。

②C2C（顾客对顾客）模式。利用淘宝等C2C平台销售的模式，这样产品比较分散，一般都采用低价格销售，容易吸引客户。

（3）直销模式

这是一种新的销售模式，也是未来销售模式的发展趋势。直销模式就是省掉中间环节把产品直接销售给客户的一种营销模式。

2. 如何更好地满足客户需求

无论采用什么方法销售，销售的过程就是满足客户需求的过程，那么，销售人员该如何更好地满足客户需求呢？

（1）全面了解客户

对于任何已被列入客户范畴的消费者，要对其几乎所有的需求全面定义，全面掌握客户在生活中对于各种产品的需求强度和满足状况。要全面了解，要让客户生活中的需要完整地体现在你的面前；同时，要根据客户的全面需要对其生活习惯、消费偏好、购买能力等相关因素进行分析。

（2）突出产品特性

销售者的第一要务是为公司销售产品，帮助客户满足需求，突出产品和客户需求的结合点，清晰地定义出客户的需求，必要时要给客户对本产品的需求形成一个“独特的名称”。如果你是一个席梦思床垫的销售人员，就要尽可能地让消费者形成对床垫的独特认识，为它定义出一个别人都没有意识到的“提高生活舒适度需求”等。

（3）深入了解客户

认为客户的需求是简单的购买欲望，或者是单纯的购买过程，是有一定的局限性的，只有深入地了解客户的生活、工作、交往的各个环节，才会发现客户对同一种产品拥有的真正需求。也就是说，要对客户的需求作出清晰的定义，事前工作的深入性必不可少。

（4）差异化对比

在和客户沟通的时候，要了解所有接触客户的需求状况，学会对比分析，差异化地准备自己的相关工具和说服方法。

服务：定人、定位、定程序

所谓服务，就是指企业根据消费者需求的差异，按照细分市场将某一整体服务市场划分为若干个消费群体，每一个消费者群都是一个具有相同需求的细分子服务市场，从而找出适合本企业为之服务的一个或几个细分子服务市场。

1. 服务市场细分

服务市场细分的依据和方法有很多，但并非所有的市场细分都是有效的。比如，对于食盐的购买者进行年龄的市场细分就一点意义都没有。要使细分出的市场对企业有用，还必须具备以下几个基本条件。

（1）顾客对产品需求的可衡量性

顾客对产品的需求具有不同的偏好，对所提供的产品、价格、广告等具有不同的反应，值得企业进行细分。相反，如果顾客对产品的需求差异不大，就没必要进行市场细分了。

在实践中，有许多顾客的特征是不易衡量的，所以，这些特征不适宜做细分市场的标准。比如，对汽车购买者来说，是很难衡量哪些是属于经济动机，哪些是属于社会地位动机，哪些是属于产品动机的。一般来说，人口、地理、社会文化等因素则是比较容易衡量的。

（2）对商品和服务的认可度

被选作细分市场的消费者能有效地了解企业的产品，并对产品产生购买行为，能通过各种销售渠道购买到产品；另外，企业通过不断的努力，比如，广告和人员推销等，可以达到被选定的细分市场。否则，这些市场就不值得进行细分。

（3）服务细分市场的有效性

市场细分，不仅要有适当的规模和发展潜力，还要有一定的购买力。

对企业来说，细分市场必须具有一定的规模和相当的发展潜力。如果细分市场的规模小，市场容量有限，细分工作烦琐，成本花费大，获利低，就不值得去细分。

细分范围也不能过大。规模过大，细分的市场就会不具体和不准确，不利于企业选择目标市场。

细分市场对企业来说，必须要有足够的消费者，如果细分市场的消费者少，购买力有限，无经济效益，就不值得去细分了。

2. 市场定位战略

所谓市场定位，就是根据竞争者现有产品在市场上所处的位置，针对消费者对该产品某种特征或属性的重要程度，塑造出与众不同的、给人印象鲜明的产品，并把这种形象生动地传递给消费者，使该产品在市场上占据稳固的位置。

公司在进行市场定位时，应慎之又慎，要通过反复比较和调查研究，找出最合理的突破口，最好不要出现定位混乱、定位过度、定位过宽或定位过窄的情况。一旦确立了理想的定位，公司就要通过一致的表现与沟通来维持此定位；同时，还要加以监测，随时适应目标顾客和竞争者策略的改变。

（1）市场创新定位

寻找新的尚未被占领但有潜在市场需求的位置，填补市场空缺，生产市场上没有的、独具特色的产品。如苹果电脑等一批新产品正是填补了市场上高端电脑产品的空缺，才让苹果公司获得了迅速发展，一跃而成为世界级的跨国公司。

（2）市场竞争定位

企业根据自身的实力，与市场上占支配地位的、实力最强或较强的竞争对手发生正面竞争，使自己的产品进入与对手相同的市场位置。竞争过程中往往相当惹人注目，甚至会产生轰动效应，企业及其产品可以较快地为消费者或用户所了解，树立市场形象。

有些新兴企业为了避免与实力强的企业直接发生竞争，会将自己的产品定位于另一市场区域内，使自己的产品在某些特征或属性方面与对手有显著的区别，能使企业较快地在市场上站稳脚跟，能在消费者中树立形象，风险小。

第八章　商业模式的继承与创新

信息化给商业模式带来的机遇和挑战

信息化技术的发展，在很大程度上改变了人们的日常生活，一场由互联网技术和互联网信息带来的企业商业模式的变革应运而生，企业抓住信息化的关键要素就会给企业带来机遇和挑战。信息化环境下企业商业模式的变革与创新是现代企业实现商业转型的基础与关键。信息化的发展通常指现代信息技术应用，特别是促成企业商业模式发生转变。例如，“企业信息化”不仅指在企业中应用信息技术，更重要的是深入应用信息技术所促成或能够达成的业务模式、组织架构乃至经营战略转变。

美国纽约的国际金融服务公司摩根士丹利认为，技术发展周期一般在10年左右，当前技术发展周期已经进入移动互联网时代。

据统计，在中国，PC（个人电脑）互联网用户数从2000万发展到1亿用了6年，移动互联网用户数从2000万发展到1亿用了2年。随着智能手机时代的来临，移动互联网行业也获得了迅速发展。最近有消息显示，2013年全球的移动互联网用户数将达24亿。

随着移动互联网的发展，国内传统的渠道零售商也逐渐向移动互联转型升级。不仅是企业应用互联网，随着互联网特别是移动互联网的发展，信息化已渗透到了社会经济、大众生活的各个方面。有资料显示，1998年全球网民平均每月使用流量是1MB（兆字节），2000年是10MB，2003年是100MB，2008年是1GB（1GB等于1024MB），2014年将是10GB。全网流量累计达到1EB（即10亿GB或1000PB）的时间在2001年是一年，在2004年是一个月，在2007年是一周，而2013年仅需一天，即一天产生的信息量可刻满1.88亿张DVD光盘。我国网民数居世界之首，每天产生的数据量也位于世界前列。

信息时代来临的观点最早由全球最著名的管理咨询公司麦肯锡公司提出，引起了全球广泛的反响。《华尔街日报》将信息化、智能化生产和无线网络革命称为引领未来繁荣的三大技术变革。麦肯锡公司的报告指出数据是一种生产资料，信息化是下一个创新、竞争、生产力提高的前沿。世界经济论坛的报告认定信息为新财富，价值堪比石油。因此，发达国家纷纷将开发利用信息化作为夺取新一轮竞争制高点的重要抓手。

我们即将面临一场变革，新兴信息化将成为企业发展的重要依据，而常规技术已经难以应对现代企业的发展。这一变化所带来的挑战，是成功的企业在未来发展过程中必须要面对的。只有那些能够运用这些新数据形态的企业，方能打造可持续的重要竞争优势。

哈佛大学社会学教授加里·金认为“信息化是一场革命，庞大的数据资源使得各个领域开始了量化进程，无论学术界、商界还是政府，所有领域都将开始这种进程”。未来，在商业、经济及其他领域中，决策行为将日益基于数据和分析而做出，而并非基于经验和直觉。

在农业领域，硅谷有个气候公司，从美国气象局等数据库中获得数十年的天气数据信息，将各地降雨、气温、土壤状况与历年农作物产量的相关度做成精密图表，预测农场来年产量，向农户出售个性化保险。在商业领域，沃尔玛公司通过对销售数据信息的分析，了解顾客购物习惯，得出适合搭配在一起出售的商品，还可从中细分顾客群体，提供个性化服务。

在金融领域，华尔街“德温特资本市场”公司分析3.4亿微博账户留言，判断民众情绪，依据人们高兴时买股票、焦虑时抛售股票的规律，决定公司股票的买入或卖出。

在医疗保健领域，“谷歌流感趋势”项目依据网民搜索内容分析全球范围内流感等病疫传播状况，与美国疾病控制和预防中心提供的报告对比，追踪疾病的精确率达到97%。社交网络为许多慢性病患者提供临床症状交流和诊治经验分享平台，医生借此可获得在医院通常得不到的临床效果统计数据。基于对人体基因的大数据分析，可以实现对症下药的个性化治疗。

在社会安全管理领域，通过对手机数据的挖掘，可以分析实时动态的流动人口来源、出行，实时交通客流信息及拥堵情况。利用短信、微博、微信和搜索引擎，可以收集热点事件，还可以追踪造谣信息的源头。美国麻省理工学院通过对10万多人手机的通话、短信和空间位置等信息进行处理，提取人们行为的时空规律性，进行犯罪预测。

市场导向的企业信息化建设的进程，不只是在内部管理体系的提升上，还体现在向市场端，客户端延伸，形成市场的赢利能力。这时候信息化已经不只是支持管理变革而且是在支持商业的变革。比如，宝洁公司实施的是制造商和零售商同步系统，作为一个大型的企业，转型是很重要的系统，在供应链当中，最大的问题是供需的信息是不匹配的，对需求信息的把握不准确，会导致供应商产生大量的库存，而库存就会压低企业的整体效益利润。供应端和需求端的信息达到精准的匹配，对产业链的供需是很重要的。宝洁实施全球数据同步化系统，主要是推动在零售商和制造商之间的协作。现在生产的终端和前端可以直接了解市场最前端的销售信息，实际上，可以大大节省成本，降低销售当中的不确定性。所以，公司的效益已经显现出来。

信息技术的发展给企业发展带来了机遇，同时也带来了挑战。在2012年百度世界营销分论坛上，百度商业产品与技术执行总监郑子斌介绍了他对大数据时代的见解和看法。他认为“在大数据时代，尽管信息将呈爆炸式增长，但数据价值密度非常低，找到有价值的数据如同大海捞针，我们将通过什么样的产品平台和方式提炼数据价值，值得思考”。

总之，信息技术的发展是一个应用驱动性很强的服务领域，是具有无穷潜力的新兴产业领域。各个企业要从战略上重视信息技术的开发利用，将它作为转变经济增长方式的有效途径。

适合才是最好，不迷信任何既成的模式

企业的商业竞争已经从产品竞争、企业竞争、产业链竞争过渡到商业模式竞争阶段。而企业商业模式的超越相比规模超越和技术超越则更易达成，也更容易使企业获得更多市场机会。企业通过商业模式的设计把握这些新机会，就能够在商业模式竞争阶段获得先发优势和结构性竞争壁垒。

为了获得有利的竞争地位，有些企业会努力满足特定消费者群体的特殊需要，有些企业会集中于某一有限的区域市场，建立适合自己企业的商业模式，这就是所谓的重点集中战略。

诺基亚公司及其竞争对手不仅要生产传奇般的电话，还要向客户的基地站提供网络技术。为了获得这项技术，1997 年 12 月诺基亚公司投入 1.2 亿美元买入了美国硅谷的伊普森洛系统公司。同时，诺基亚还和爱立信、摩托罗拉联手，开发了第三代通信技术产品。

企业实施重点集中战略的关键是选好战略目标，如何来选定目标呢？要尽可能地选择那些竞争对手最薄弱的目标和最不易受替代产品冲击的目标。

采用这种战略的企业，要想实现成本领先，就要在专用品或复杂产品上建立起自己的成本优势。这种产品通常都比较难进行标准化生产，不容易形成生产上的规模经济效益，因此也很难具有优势。

在改变既有模式的时候，如果企业想实现差别化，就可以运用

所有差别化的方法来实现预期的目的。通过诺基亚的案例，可以发现，使用集中战略可以取得这样一些效果。

首先，定位于多细分市场的竞争厂商很难满足目标小市场的专业或特殊需求，如果要满足这个市场的专业化需求，就要付出昂贵的代价。

其次，没有其他竞争厂商在相同的目标细分市场上进行专业化经营。

最后，任何一家公司都没有足够的资源和能力进入整个市场中更多的细分市场。整个行业中有很多的小市场和细分市场，集中型的厂商可以选择与自己的强势和能力相符合的目标小市场。

当然，采用集中化战略也是有一定风险的，比如，竞争对手可能会寻找一些能够与竞争对手匹敌的有效的方法来为目标小市场提供服务；小市场购买者的偏好和需求可能会转向大众购买者所喜好的属性。集中化厂商所聚焦的细分市场非常具有吸引力，各竞争厂商会一起赶过去，对细分市场的利润进行瓜分。所以，每种商业模式都有弊端，需要在应用的过程中不断地改进。

现在的商业市场，每一个企业都精心计划着要走高端路线，结果却步履维艰，反而那些蜗居在市场一角的小公司有着出人意料的高收入，这就是商业模式的魅力。在手机网购者中，有一群草根阶层——务工人员，他们为一家企业贡献了 5 亿元的营收，这家企业的名称也不够响亮，叫买卖宝。电商在 2012 年闹得不可开交，烧钱、骂战、价格仗打得不亦乐乎。倒是这个一直偏安一隅的小企业，从 2006 年起一路利用移动端的潜力，挖掘到令人艳羡的财富。

在巨大的草根基数下，买卖宝要获得收益，门槛就是派送难以及售后难。用户教育用广告，买卖宝深入到乡村镇上发布了不少刷墙广告；派送就用 EMS（邮政特快专递服务）；售后采用电话逐一盯人跟进。由此，买卖宝的业务算是正常开展，并逐渐开始走上正轨。

草根的生意不好做。京东苏宁能让白领用户比价，买卖宝却不用这样的“高端手段”，对草根阶层来说，“便宜”“方便”“质量不错”才是关键词。做这样的生意，对于 CEO 清华高才生张小玮来说有点格格不入，但营收又证明了这个生意与他个人价值的匹配。买卖宝看起来是个矛盾体，但是偏偏也是剑走偏锋，不与线上电商比融资烧钱，小生意赚大钱，也足够不少烧钱烧得头皮发麻的电商眼红了。

买卖宝不是独一无二的，但这样的经营思路却是简单而精练的。不管市场上有多少移动电商的产品在风生水起地折腾着，依旧不如买卖宝这样用最实际的手段和方法攻占用户的钱包来得猛烈。这个生意好比一锅老鸭汤，细火慢炖才会变得有滋有味，而前期的蛰伏才是一般企业难以忍受的。也许对于传统电商来说，这样缓慢的进度是一种煎熬，但比起大量的融资烧钱，或者用各种促销手段来抢夺用户，买卖宝更为单纯。贴牌的自主品牌产品也能给企业创造更大的利润，运营中投入最大的是人工，维系高度的用户黏性也全在于此了。

买卖宝所在的行业竞争对手并不多，例如爱购网以及移淘商城都属于这一经营领域的企业，同样也有着不错的收益。往往越是不容易被挖掘的领域，越是有企业能经营得风生水起。因此，买卖宝用百万下载量，就撬动了5亿元的年收入。

模式创新的目的就是追求与众不同

商业模式的创新从本质上应包括三个部分：一是要说明新的商业模式或者说是创新后的商业模式什么样。二是要说明新的商业模式相对于原有的模式，或者其他厂商的商业模式有什么区别，创新之处究竟在哪里。三是要说明商业模式创新的目的是什么。

能描述清楚新的商业模式或其他企业商业模式是关键前提。企业的价值创造活动，总是在一定的价值链或价值网络中进行的。描述企业商业模式，需要了解分析其在价值链或价值网络中的定位。处于不同价值链的环节，将决定企业商业模式的要素特点，对企业商业模式有不同的要求。在许多条件下，企业所处的价值链或价值网络是相对简单的。但在另外许多条件下，则要复杂得多，特别在如今信息化生产组织方式成为一种趋势的情况下，商业模式的特点与其价值链中定位密切相关。

当企业发展到一定规模的时候，不仅会受到人才、技术、管理、资金等要素的制约，还会受到商业模式的影响，而后者往往是最重要的。在所有的创新中，商业模式的创新是最根本的，一旦商业模式得不到有效运作，管理创新、技术创新等都会失去可持续发展的可能。

商业模式本身也是需要不断创新的；否则，即使企业选择的商业模式再好，长期保持不变，时间长了，也会失去竞争优势。

20世纪90年代中期，随着计算机互联网在商界的普及应用，一个全新的消费环境出现了。贝索斯从中看到了商机，1994年，贝索斯辞去了原有的工作，与妻子来到美国西海岸的西雅图，经过努力创建了亚马逊。经过一年的充分准备之后，1995年7月亚马逊公司开始营业，主要在网络上销售图书。

亚马逊的网站主要是面向家庭购物者设计的，简单而实用，网页加载很快，使用起来也很方便。网站提供了多种了解和接触一本书的途径：读者评论、分类浏览清单、多维搜索能力、参照以前搜索、电子邮件通知、推荐引擎等。消费者只要“点击一次”就可以下单，然后亚马逊在其仓库完成配货后，就会将书送给购书者。

从一开始，亚马逊的商业模式就建立在利用互联网用户环境与条件上。亚马逊的价值提供，和互联网媒介所产生的独特能力有着直接的关系，如客户服务。

“亚马逊”这个名字取得不错，容易记忆，容易让人联想到广袤的雨林。如同其亚马逊名称所寓意的一样，图书的选择范围十分广泛。亚马逊有150万的新书种类，约100万的老书种类，数量大约是传统书店的100倍，给读者提供了大量的可选择范围。

面对如此大规模的存货，亚马逊采用了一种虚拟模式，主要和批发商保持密切的合作关系，自己备有其中很小的一部分，存货周转时间远低于传统零售书商。由于不需要实体书店店面，成本更低，即使给购买3本以上书的客户免去运费，其成本依然比传统零售商低8%~10%。1998年9月30日，亚马逊的客户达到450万，遍布世界各地。

亚马逊商业模式的另一关键，是其与其他商业实体的网络关系，比如，在供给方面，亚马逊与图书批发商 Ingram（英格拉姆）合作密切。在与小的供应商们合作时，亚马逊也能严格保护客户信息资料，即使采购量很少时也是这样。所有外地运送都是在亚马逊自己仓库中进行的，供货商是没有机会接触到客户的。

不可否认，亚马逊的成功来自商业模式的创新。在进行商业模式创新的过程中，企业完全可以借鉴过来为我所用：

①提供全新的产品或服务、开创新的产业领域，或用前所未有的方式提供已有的产品或服务。亚马逊卖的书和其他零售书店没什么不同，但卖的方式却完全不一样。

②相比传统书店，亚马逊有这样几个优点：产品选择范围广、通过网络销售、在仓库配货运送等。

③亚马逊在一些传统绩效指标方面表现良好，体现了商业模式的优势。比如，数倍于竞争对手的存货周转速度；消费者购物用信用卡支付时，通常在 24 小时内到账；亚马逊付给供货商的时间通常是收货后的 45 天，可以利用客户的钱长达一个半月。

从上面可以看出，商业模式的创新就是把新的商业模式引入社会生产体系，并为客户和自身创造价值。通俗地说，商业模式创新就是指企业以新的有效方式赚钱。新引入的商业模式，既可能在构成要素方面不同于已有商业模式，也可能在要素间关系或者动力机制方面不同于已有商业模式。

创新中理论与实践的关系问题

商业模式研究的主要目的在于应对多变的市场环境、整合多元的企业战略理论。商业模式创新的基本理念是“着眼产业”“整合资源”“优化配置”。商业模式的理念、组织和业务与竞争优势以及企业文化都具有动态性质。商业模式创新的根本途径在于组织学习，因为企业本质上是通过制度和文化组织起来的、由企业家和管理者及员工构成的生产组织。商业模式理念创新的关键是通过学习，实现企业家及管理者理念变革和认知模式改变，组织创新的关键是通过制度和文化创新实现对人力资本、组织资本和社会资本等资源的开发。商业模式创新的评价指标要体现商业模式的客户价值性、要素匹配性，以及战略资源、核心能力和隐性知识的关键特征。

商业模式的创新是企业最根本的创新，它是企业管理创新、技术创新的基础。离开商业模式的创新，其他的创新将失去可持续发展的可能和赢利的基础。好的商业模式是企业生存的根本，但商业模式却不能保证企业永远赢利。随着时代的发展、市场的变化，商业模式的创新是企业发展的必然选择。如今市场瞬息万变，许多耳熟能详的国际大企业纷纷倒闭或濒临破产，中国作为全球市场的一部分，也受到经济环境的影响，大量企业开始裁员收编，成熟的大型企业开始对原有的商业模式进行改革创新，以适应当前的局势，稳固已有的市场份额和地位；中小企业或初创企业也跃跃欲试，企图找到一套新的商业模式维持生存，并希望通过市场的洗礼和考验，占领市场份额，实现企业的飞跃。因此，商业模式创新的研究成果将成为企业改革的必要理论依据。然而，探索商业模式创新必须要把握好以下三点。

1. 差异化战略是商业模式创新的核心

过去和现在，几乎所有的企业都是用雷同的发展思路和战略，用雷同的手段经营，同一行业的企业生产工艺和产品也都是大同小异。随着社会的进步和经济的发展，人们生活水平的提高和消费欲望的“膨胀”，企业雷同的发展模式越来越不适应市场经济了。

进入市场经济时代，企业间的竞争越来越激烈，商业模式的发展方式应运而生，但经营手段尚未摆脱雷同方式。即你免费送货，我也免费送货；你打折让利销售，我也打折让利销售；你打广告宣传，我也打广告宣传；等等。没有差别，没有新意，这样的商业模式效果自然就差多了。实践证明，差异化的商业模式可以提升商业模式的质量和水平，形成别人可以学习、借鉴其中的思路，但绝不可以被复制、被照搬的独特的商业模式，收到长期获利的效果。

2. 技术创新是商业模式创新的助推器

新形势下，企业走技术创新之路，还是走商业模式创新之路，业界有不同的看法。但有一点是可以肯定的，那就是两者有机结合，并用技术创新助力商业模式创新。

近年来，大气温度快速上升，导致海平面快速抬高、冰雪积雪快速融化、作物减产，人类的生存环境越来越恶化。实施低碳经济势在必行。企业要顺应这一形势，谋划新的发展模式，走绿色环保之路，即采用有利于环保的新技术、新材料、新工艺，尽可能地减少碳的排放量和其他污染物的排放量，并且使自己生产的产品也成为环保产品。这无疑要用先进的技术作为绿色商业模式的支撑。

3. 人才是商业模式创新的关键

社会的进步、经济的发展都是靠人去推动、去实施的。市场经济时代，人才更显得重要，对人才素质的要求更新、更高。即经营理念的创新、知识的更新、思维的超前性、商业的敏锐度、做事的创造精神、事业的进取精神、良好的心理素质和团队精神等要上新的高度。商业模式创新首先需要的是人的思想、知识和智慧的创新。即别人想不到的，你能想到；别人正犹豫的，你能果断去做；别人做不好的，你能做得很优秀。其次，需要的人才还要匹配。作为企业的领导者，要有冷静的头脑，会分析形势，能抢抓机遇，掌握商业模式发展方向，使企业长久发展。中层是执行层，要有领会上层意图的能力，按照总体思路独创工作。基层是一般的员工，要求有专业技术、热爱企业、忠于职守，出色完成本职工作的能力。总之，对人的要求是思维敏锐、超前、商业知识丰富、专业技术精湛的人才。

企业通过细分市场，找出市场空白创新产品或者改变颠覆原有产品的价值主张，重新界定市场格局和规则，并设计出赢利模式，迅速通过人才完成企业各流程的标准化，建立相应文化价值观，借助资本的力量，迅速突破瓶颈实现裂变式复制倍增，同步实现对核心资源的控制，然后系统化价值链，实现对定价权的最终控制，成就霸业。

第一，创新就是变革原来的商业模式。创新是市场原先不存在的，没有被发现的，但这种需求的确存在，客户不知道，你的对手也不知道，所以很隐蔽，这也就是我们通常所说的挖掘蓝海市场。

企业寻求的是一种没有恶性竞争，充满利润和诱惑的新兴市场，也是一种避免激烈竞争，追求创新的商业战略。很多时候不是我们找不到市场空白，而是我们总是带着饱和的思维来看待现状。企业家要具备非常敏锐的视角和细腻的触觉，既然是挖掘，就不可能是表面上的，对于存在的产品和市场，我们需深入下去，找到隐性的空白，在产品的功能、用途、分类、描述上去下功夫，从消费者的隐性需要上去找灵感，这种需求有可能是消费者知道，但是说不清楚，有可能不知道但是需要的，一旦发现了空白市场，找出目标群体的精准定位，快速布局，迅速领先控制。另外，我们要敢于否定现在，对于现有的产品和服务重新定义价值主张，这意味着对原有规则和秩序的彻底否定和改变，把握客户不断变化的需求，推翻原有产品的价值定义，赋予新的思想和主张，改变原来的市场格局，建立新的行业秩序，先破而后立，不破不立。

北京王麻子刀剪是质量上乘、享有盛誉的百年老店，但由于没有实施商业模式创新而惨败于市场经济大潮之中。苏州长城电扇厂原本是一家十分优秀的企业，但由于没有将企业战略升华为商业模式而很快被迅速崛起的空调企业所击垮。相反，麦当劳的商业模式由于超前而赚取了可观的利润。众所周知，它的主业是汉堡包，2009 年麦当劳的企业战略是要在中国开设 1500 家连销门店，进入 20 个三级城市。但它的商业模式，不论过去、现在和未来都不是汉堡包，而是非常稳定的。它在中国的第一家门店开在王府井，后来把这块地卖了 5 亿元。早在 1995 年它就预测到北京的房价 10 年后，1 平方米售价将超过 2 万元。由于它大量地在北京承租门店，租期均签约为 30 年。当时的租金也只有 1 平方米 0. 55 元，而现在的租金已涨到了1平方米55元，即涨了100倍。它用房地产经营中获取的巨大利润反哺汉堡包产业，这就是商业模式的力量所在。

第二，要实现赢利多样化。如果一个企业的赚钱方式所有人一看就懂，一看就明白，那么这个企业一定不会走太远。做到赢利的隐蔽性和赢利的多方位、多角度性，一方面可以让竞争对手难以辨别，使对手处于不知所措的状态之中，明修栈道，暗度陈仓，既赢得发展时间，同时也比较容易让顾客和市场接受。另一方面多元化的赢利设计是独特商业模式的一个基本要素。企业以什么方式赢利，什么时候什么阶段赢利，要能给人以出乎意料的感觉。这样企业就很容易在没有任何竞争的状态下发展和壮大，极大地降低了自身的发展成本。

而赢利的多方位性则可以使企业做到资源价值链最大化和效率化，从而实现利润的叠加和倍增，让企业的赢利模式看起来就像是一盘错综复杂的棋局。例如，国美、苏宁就利用低价让利的方式让原有的商场电器经营者感到迷惑，这么低的利润还怎么赚钱呢？而其实国美、苏宁选择的赢利方式是先通过低价占领市场份额，赶走竞争对手，然后再向供应链索要利润，同时又通过赢得的控制权，占用供应商的资金做房地产方面的生意。再反过来支撑贯彻低价策略，从而形成一个良性循环的低价竞争力。免费模式在互联网上已经是最常用的开门性赢利设计，通过免费模式，首先赢得资源，获得资源的黏度之后，然后再在资源上开发赢利模式。腾讯QQ是这方面的最大获益者，通过免费QQ的使用，腾讯赢得了近6亿多的消费者黏度。

第三，商业模式要具有可复制性。企业要发展，必须通过复制，而企业能够复制的前提，必先要有一个完善的模板，就像软件拷贝一样，只有原盘正确，才能复制正确。那么，复制企业的模板该是怎么样的呢？首先在各流程上必须实现标准化，这是可复制的前提，而企业的文化则是确保了在这一复制中的精神和思想不会产生偏差，所以标准化和企业文化是企业复制的前提，这也就是企业内部的基因密码，竞争对手很难复制，再借助资本的力量，迅速突破扩张瓶颈。现在企业发展必须要求速度，再优秀独特的商业模式，都必须要通过速度才能最终锁定胜局，所谓的优秀和独特，都是有时间期限的，现代信息已经让商业无秘密可言，只有通过速度，才能最终锁定胜局，变商业模式设计为现实，所以速度决定格局。

第四，控制核心资源。企业家在推动企业成长发展过程中，不同行业，不同商业模式下就有不同的核心资源，而控制核心资源，就是企业的关键点，因为只有实现了对核心资源的控制，企业才能够建立高竞争门槛，断绝竞争对手的复制，从而赢得定价权，而定价权就意味着高利润和可持续发展。所以这是关键的制胜点，是七寸和要害。之所以很多企业在市场上局面被动，产品价格恶性竞争，企业家必须要很清楚自身商业模式下的核心资源是什么，然后在复制发展的过程中同步占领这一制高点。比如微软，所有的应用软件都必须兼容 Windows（视窗操作系统）；可以是成本优势，比如西南航空、格兰仕；可以是独特的资源，比如茅台酒，因产于黔北赤水河畔的特殊环境；可以是有限资源，比如分众传媒所对应的楼宇资源；也可以是品牌、版权、专利、生产资料等。企业家必须要清楚这一点。只有这样，企业发展才有方向和重点，最终实现对定价的话语权。

实效是检验模式优劣的唯一标准

虽然商业模式的定义莫衷一是，但是在众多的商业模式中，什么才是最重要的？一个最重要的问题终于摆在你我面前：你认为应该使用哪些指标来衡量商业模式的有效性？实践是检验真理的唯一标准，无论是哪种商业模式，只有适应企业发展，实现持续赢利的模式才是公司应选择的模式。

在房地产行业，做房地产，万通是内行。做商业，万通是外行，没有较为长期的学习、实践，仍然比不上体制完善的企业。外行与内行在一个区域内发生同质化竞争的时候，万通没有选择恶性竞争的方式，打价格战，诋毁竞争对手，而是选择错位经营，和平共处。在不断地摸索学习中万通还开始了从多元化投资经营向专业化调整的第一步，放弃投资经营零售业。选择调整并没有采用“壮士断腕”的方式，低价割肉，而是通过商业模式的创新，既退出了零售业，又使企业转亏为盈。

处于成熟型的企业选用什么样的商业模式尤为重要。成熟型企业走过了创业的艰难，经历了成长期的苦恼，步入平稳发展的成熟期。企业能否成为全国性企业或跨国企业，这个阶段便是分水岭。走得对，企业便能实现飞跃式增长；走得不对，企业将面临重重困难，这时候企业的商业模式比较成熟，也比较成型，但这类企业也容易出现两类错误：一类是固守原有的商业模式，把历史的成功作为必然，无论外部环境有多大变化，无论竞争对手是否已经步步紧逼，自己仍然一成不变、墨守成规，机械地沿用原有商业模式，最后衰退甚至破产，退出商业舞台；另一类是盲目认为自己的成功，不在原有基础上挖掘熟悉的市场空间、产业空间、价值空间，而展开多元化投资、多元化经营，导致驾驭不了新的商业模式而走向失败。这都是中国企业最为普遍的错误，企业如何避免这些错误的发生，笔者认为有以下几方面工作要做。

1. 要利用领先优势，寻找可能会给自己构成威胁的企业，进行并购、整合来消除竞争对手的威胁

中国联通和中国网通合并，“中国联合网络通信有限公司”正式成立，这是中国有史以来最大的资产交易项目和企业并购项目，也是新一轮电信业重组具有标志性意义的一刻，标志着中国电信重组改革在资本市场层面的工作全部结束，电信行业迈入“三足鼎立”时代。

网通的小灵通业务和宽带业务对作为通信“大佬”的联通来说具有很大的威胁，面对业务的冲击，联通做出了正确的选择，并购网通进行资源重组，不但拓展了自己的业务范围，还扩大了用户量，实现了市场份额的占有率。

2. 创新商业模式，提升公司的核心竞争能力

在商业发展中，任何商业模式也不是永远一成不变的，创新是无限的。OEM（代工）模式是大型企业利用商业模式的创新来扩大规模的同时又降低投资风险的典范。麦当劳、肯德基以及国内许多企业都采用了这种方式。但是 OEM 的管理不能一劳永逸。

一家连锁企业发展到几十家店的时候，由于投资管理的规模增大、范围更广、管理半径延长，企业的管理精髓很难从企业本部不走样地传递到每个店的终端管理系统。企业的发展不再依靠直接投资进行扩张，而是用牺牲投资收益作为成本，通过标准化管理，出售企业的无形资产来获得收益，虽然这种收益的单位收入减少，但是由于规模扩大，获得了更大的规模效益，因而既增强了企业的影响力，扩大了市场份额，又降低了投资风险。对于上市公司，更有利于获得股票的市场增值。

但是，加盟的快捷增长往往又是一把双刃剑。加盟商与主体企业之间大多数没有资本的连带关系，是两个不同的法人主体，分享一个产品、一个品牌、一种商业模式下的市场收益，因而双方既相互联合又相互制约。主体企业必须深刻地理解和认识这样的关系。

在无限扩张、不断获得收益、严格约束、规范加盟商的同时，也不能高枕无忧，应当随时保持主体企业的活力，不断推陈出新，在产品的品种、品质、花色、服务方式、广告宣传、打击假冒伪劣等方面坚持不懈，让加盟商感到背后永远有着坚强的后盾。

中国的大型连锁企业已经不少，但是高水平经营管理者确实不多，上述问题不能不说是制约中国连锁企业发展成为国际化企业的核心问题。

3. 扩张型企业商业模式的构建

扩张型企业由于对商业模式选择的失误，导致企业从此衰落甚至走上不归路的案例，中国和外国比比皆是。特别是近几年来，一些企业历经了十多年的艰辛创业，步入成熟期，有了自己的品牌、成型的生产、销售模式、稳定的收益，但其收益大多来自直接投资与直接经营。于是，诞生了一股依靠资本运营来实施所谓“低成本”扩张战略，即大举进入资本市场，放弃或是轻视帮助其成功的经营方式，全面开展资本运营。结果，盲目追求高速成长，缺乏对资本运营的把握能力，放大了资本运营在企业扩张中的作用，低估了资本运营的风险。最后，不但资本运营没有成功，反而把企业多年创造的产业基础全部摧毁，企业陷入困境，反受资本市场所累。

扩张型企业在扩张时常用的商业模式有以下几种。

（1）展开多元化投资

这是近年来争论不休的话题。由于以德隆为代表的从事多元化投资的企业纷纷落马，整个社会舆论几乎一边倒地认为必须走专业化之路，多元化不适合中国企业。

笔者认为，专业化值得推崇，但多元化本身并不是陷阱。多元化能否成功取决于企业的驾驭能力，并不在于多元化本身。国内也有许多成功的从事多元化投资的企业，所以企业应该是多元化投资，专业化管理，量力而行。管理水平达不到时，不宜做多元化投资。

（2）战略投资

国内的扩张型企业除德隆外至今也没有机构将自已定位于战略投资人的。最大的电器制造商海尔是一个行业投资者、经营者，但不是电器行业的战略投资者。建议大型扩张型企业用战略投资来作为扩张的商业模式。但战略投资者要求投资经营水平非常高，其基本模式是战略并购、产业整合、战略管理。目前国内扩张型企业有此设想和能力者寥寥无几。

（3）并购扩张

利用并购来扩张，是扩张型企业最常用的商业模式之一。但中国扩张型企业并购意识很弱，且并购目的不明确，并购的整合能力就更弱。

总之，在选择设计商业模式的问题上，中小企业比较注重战术上的商业模式，如营销策略、产品创新、技术创新、管理创新、价格策略、联盟策略等，大型企业则多着眼于战略上的商业模式选择，像微软、沃尔玛就在战术上非常成功，无论哪种模式的创新，为公司带来利润和活力的模式就是最有效的。

模式创新的基本原则

商业模式是企业市场价值的实现模式。随着全球化、信息化、市场化不断深入，传统商业模式受到了前所未有的挑战，创新商业模式势在必行。商业模式创新的基本原则是：以价值创造为灵魂、以客户需求为中心、以企业联盟为载体、以应变速度为关键、以信息网络为平台。

我们要明确的一点是：企业创新商业模式也不能盲目进行。

商业模式的基本原则是指商业模式的内涵、特性，是对商业模式定义的延展和丰富，是一家成功企业商业模式必须具备的属性。企业能否持续赢利是我们判断其商业模式是否成功的唯一的外在标准，持续赢利是对一个企业是否具有可持续发展能力的最有效的考量标准，赢利模式越隐蔽，越有出色的好效果。

商业模式的核心原则包括客户价值最大化原则、持续赢利原则、组织管理高效率原则、全面创新原则、融资有效性原则、资源整合原则、风险控制原则和合理避税原则八大原则。

1. 客户价值最大化原则

一个商业模式能否持续赢利，是与该模式能否使客户价值最大化有必然关系的。一个不能满足客户价值的商业模式，即使赢利也一定是暂时的、偶然的，是不具有持续性的。反之，一个能使客户价值最大化的商业模式，即使暂时不赢利，但终究也会走向赢利。所以，我们把对客户价值的实现再实现、满足再满足当作企业应该始终追求的目标。

2. 持续赢利原则

企业能否持续赢利是我们判断其商业模式是否成功的唯一的外在标准。因此，在设计商业模式时，赢利和如何赢利也就自然成为重要的原则。当然，这里指的是在阳光下的持续赢利。持续赢利是指既要"赢利"，又要能有发展后劲，具有可持续性，而不是一时的偶然赢利。持续提升赢利能力和附加价值，最核心的战略就是要对企业的商业模式进行创新和重塑。那么，企业领导者的第一要务是创新既有的商业模式，使之适应市场的发展，并实现持续赢利。苹果公司是采用新商业模式的典范。苹果的创造力不仅给公司自身带来巨额回报，同时也通过开创新市场让竞争对手受益。良性竞争应该是：不断拓展企业的经营领域和整个价值链的范围，使得市场中的每个参与者都能获益。

3. 组织管理高效率原则

高效率，是每个企业管理者都梦寐以求的境界，也是企业管理模式追求的最高目标。用经济学的观点来衡量，决定一个国家富裕或贫穷的砝码是效率；决定企业是否有赢利能力的也是效率。

按现代管理学理论来看，一个企业要想高效率地运行，首先要解决的是企业的愿景、使命和核心价值观，这是企业生存、成长的动力，也是员工努力方向一致性的理由。其次是要有一套科学的实用的运营和管理系统，解决的是系统协同、计划、组织和约束问题。最后还要有科学的薪酬和激励方案，解决的是如何让员工分享企业的成长果实的问题，也就是向心力的问题。只有把这三个主要问题解决好了，企业的管理才能实现效率。如华为、万科、联想、海尔等大公司，在管理模式的建立上都是可圈可点的，也是比较成功的。

4. 全面创新原则

三星董事长李健熙说："除了老婆和孩子外，其余什么都要改变!"时代华纳前首席执行官迈克尔·恩说："在经营企业的过程中，商业模式比高技术更重要，因为前者是企业能够立足的先决条件。"一个成功的商业模式不一定是在技术上的突破，而是对某一个环节的改造，或是对原有模式的重组、创新，甚至是对整个游戏规则的颠覆。商业模式的创新形式贯穿于企业经营的整个过程，贯穿于企业资源开发研发模式、制造方式、营销体系、市场流通等各个环节。也就是说，在企业经营的每一个环节上的创新都有可能变成一种成功的商业模式。

5. 融资有效性原则

融资模式的打造对企业有着特殊的意义，尤其是对中国广大的中小企业来说更是如此。我们知道，企业生存需要资金，企业发展需要资金，企业快速成长更是需要资金。资金已经成为所有企业发展中绕不过去的障碍和很难突破的瓶颈。谁能解决资金问题，谁就赢得了企业发展的先机，也就掌握了市场的主动权。

从一些已成功的企业发展过程来看，无论其表面上对外阐述的成功理由是什么，都不能回避和掩盖融资或资本运营能力对其成功的重要作用，许多失败的企业就是因为没有建立有效的融资模式而失败的。如巨人集团，因为近千万元的资金缺口而轰然倒下；曾经与国美不相上下的国通电器，拥有过30多亿元的销售额，也因为几百万元的资金缺口而销声匿迹。所以说，商业模式的设计很重要的一环就是要考虑融资模式。甚至可以说，能够融到资并能用对地方的商业模式就已经是成功一半的商业模式了。

6. 资源整合原则

企业资源的优化配置，就是要有进有退、有取有舍，就是要获得整体的最优。

在战略思维的层面上，资源整合是系统论的思维方式，是通过组织协调，把企业内部彼此相关但却彼此分离的职能，及企业外部既参与共同的使命又拥有独立经济利益的合作伙伴整合成一个为客户服务的系统，取得“1+1>2”的效果。

在战术选择的层面上，资源整合是优化配置的决策，是根据企业的发展战略和市场需求对有关的资源进行重新配置，以凸显企业的核心竞争力，并寻求资源配置与客户需求的最佳结合点，目的是要通过组织制度安排和管理运作协调来增强企业的竞争优势，提高客户服务水平。

7. 风险控制原则

这个风险指的是系统外的风险，如政策、法律和行业风险，也指的是系统内的风险，如产品的变化、人员的变更、资金的缺乏等。商业模式设计的再好，如果抵御风险的能力很差，就会像在沙丘上建立的大厦一样，经不起任何风浪。

8. 合理避税原则

合理避税，而不是逃税。合理避税是在现行的制度、法律框架内，合理地利用有关政策避税。合理避税做得好能大大增加企业的赢利能力，千万不可小看此问题。

创新商业模式的特征和类型

1. 创新商业模式的特征

企业要想发展必须创新既有的商业模式，创新商业模式首先要了解商业模式的特征。创新商业模式的特征主要表现在以下几个方面。

一是商业模式创新不是单一因素的变化，而是一个整合系统。商业模式创新常常涉及商业模式多个要素同时进行大的变化和调整，企业组织战略也要随之进行大幅度的调整，是一种集成创新。并且，商业模式创新往往伴随产品、工艺或者组织的创新，否则，就不足以形成商业模式创新。例如，技术创新就是开发出新产品或者新的生产工艺，这是对有形实物产品的生产来说的。但如今是服务为主导的时代，早在 2009 年中新网就报道过服务业占美国经济比重的 90%，对传统制造企业来说，服务也远比以前重要。因此，商业模式创新也常体现为服务创新，表现为服务内容、方式及组织形态等多方面的创新变化。

二是商业模式创新要注重从市场需求角度出发，“客户价值最大化”是商业模式的主观追求。商业模式创新的出发点，是如何从根本上增加客户的价值，满足市场需求。因此，它最基本的逻辑思考起点就是客户的需求，根据客户需求考虑如何有效满足它，这点明显不同于许多企业的技术创新。用一种技术可能有多种用途，技术创新的视角，常是从技术特性与功能出发，看它能用来干什么，去找它潜在的市场用途。商业模式创新既涉及技术，也涉及除技术外的其他经济方面因素，与技术所蕴含的经济价值及经济可行性有关，而不是纯粹的技术特性。

三是不管商业模式创新还是其他方面的创新所提供的是全新的产品或服务，还是对已有的产品或服务更新，都可以给企业带来持久的赢利能力和更大的竞争优势。传统的创新形态能带来企业局部效率的提高、成本的降低，而且它容易被其他企业在较短时期模仿。商业模式创新，虽然也表现为企业效率提高、成本降低，由于它更为系统和根本，涉及多个要素的同时变化，因此，它也更难以被竞争同行模仿，常给企业带来战略性的持久竞争优势。如果一家欣欣向荣的企业不能在一种新商业模式出现时及时调整，那么它就会开始走向衰落或停止增长，所以企业一定要掌握创新商业模式的类型，在必要的时候及时转变商业模式。

2. 创新商业模式的类型

目前国内外商业模式创新的类型主要有以下四种。

（1）质量不变，给原用户带来低成本的产品

20 世纪 70 年代，美国的零售业巨头多是百货公司，例如美国的沃尔玛从一家小店做起，坚持直接采购、极力控制运营成本、低价销售的策略，不断壮大，逐渐淘汰了其他成本较高的百货公司，使得沃尔玛超市开遍美国、走向了世界。而与此同时，西尔斯等百货公司由于缺乏成本竞争力，逐渐式微。这种类型的商业模式创新，并没有改变用户群和产品，所以用户群仍然是居民，他们在不改变用户群的情况下，控制成本，使商品价格降低，所销售的产品也相差不大，主要是采购、运输、销售、运营等环节的成本优势最终造成了巨大的命运差异。

美国钢铁业产量在 1973 年达到顶峰，后来由于基础设施建设和工业化达到一定水平，钢材的消耗量逐渐减少，美国大量钢铁公司破产或被兼并，但是纽柯钢铁却从一家名不见经传的小电炉炼钢厂成长为美国第二大钢铁公司，当时正值美国钢铁业开始低迷时，市场上不少钢铁公司的钢铁业的产品难以差异化，客户群也基本相同，唯独降低成本才能够形成优势。低成本公司能够在其他公司亏损时仍然赢利，由此不断占领市场；在其他公司倒闭时能够以低廉的价格收购，对其进行生产流程和技术创新改造后重新获得赢利能力。

纽柯钢铁独辟蹊径，大量收购废钢，利用废钢采用低成本短流程的生产提炼，从建筑钢材等不被巨头重视的低端产品起步，后来采用薄板坯连铸连轧（ESP）的短流程热轧新技术，保持在热轧板材上的成本优势，从而快速发展。在钢铁公司产能过剩的竞争压力下，通过降低成本，销售价格降低，走向了壮大。

（2）不断更新产品，维护客户

更新产品才能占领市场，让你的产品或服务始终给你的客户带来新鲜感，这样你的公司才有活力。一个非常具有代表意义的案例是通信行业中从传统手机到智能手机的转换。之前的传统手机主要提供打电话、发短信等基本通信功能，诺基亚几乎将这种手机的成本和使用性能发挥到了极致，又便宜又实用，市场占有率一度排名世界第一，但是后来却走到了濒临破产的地步。当大家觉得手机已经做到了极致、再也不会更好的时候，苹果公司开发出了革命性智能手机产品 iPhone，用户使用智能手机后才发现原来这就是我想要的，而我原先竟然不知道。智能手机整合了触摸控制、高清相机、陀螺仪、电脑科技、互联网等先进技术，结合漂亮的外观设计和人性化的操作系统，颠覆了以诺基亚为代表的传统手机的体验，即使价格比传统手机高得多，也被世界各地的消费者青睐，一步步把诺基亚逼向了危境。

（3）给新用户创造低成本的新产品

每个客户都追求低成本的生活方式，如果同是买一个杯子，相同款式，当然是价格越便宜越具竞争优势。这方面最典型的案例是从微型机到个人电脑的转换。微型机的用户主要是公司，由于其价格高昂、体积庞大等原因，个人用户难以消费，但也迫切希望能够使用这一革命性设备。随后一批创业型小公司如苹果公司，开始设计体积小巧、功能简单、价格低廉的个人电脑，打开了巨大的市场，开创了个人电脑和互联网时代。而传统的微型机公司由于流程和价值观的限制，没有能够转型成功，大部分公司在微型机到个人电脑的更新换代中消失沉溺。

（4）为原用户创造低成本的新产品

在互联网高速发展的今天，传统印刷媒体特别是报纸最近 20 年逐渐式微，主要是受到网络媒体的冲击。网络媒体如新浪网相对于传统媒体的优势主要表现在两个方面，一方面，网络媒体使得阅读更方便、更丰富，随着电脑和互联网的普及，网络新闻随手可得，且可以进行巨量搜索；另一方面，网络媒体几乎是免费的，这是最关键的撒手锏。

在智能手机未普及之前，手机的主要功能是打电话和发短信，因此电信运营商赚得盆满钵满；后来在智能手机普及之后，腾讯公司的微信等业务又对电信运营商造成了巨大冲击。微信的功能如语音短信、文字短信、视频电话等对手机电话和短信有非常明显的替代作用，并且这些功能只消耗数据流量而不消耗通信费，致命的是它还利用陀螺仪和手机定位功能开发了“摇一摇”，迅速吸引了广大消费者尤其是年轻群体的眼球，市场反应极其强烈。

著名的家电经销商苏宁电器等线下零售店前几年抓住了市场机会高速扩展，但最近两年销售额和利润开始下降，门店关张的越来越多，而以京东商城、淘宝为代表的电商平台的销售额则快速增长。在网购没有兴起前，买数码电器不仅不方便，而且价格高还不透明。网购在这两个方面都为消费者提供了非常好的消费体验，一方面，只要点击鼠标或手机就能轻松比价，查看别人的购买评价，再一点就是购买成功，还能收货后付款，不用大老远跑到实体店里砍价了；另一方面，由于节省了店面费用，电商成本更低，使得销售价格也更有竞争力。

我们通常认为大公司的资金、人力、客户等资源雄厚，在竞争中更容易取胜，但在不少情况下却恰恰相反。不少大公司具有竞争优势往往是造成在它面对新技术时的劣势，面对新任务时，不是资源而往往是流程和价值观决定是否成功，大公司已经形成的流程和价值观是与之前的任务匹配的，不一定适用于新的任务。对于那些一时看来利润率较低的新需求，大公司往往内部阻力巨大，转型的阻力很大，然而也有部分公司转型成功。这些转型成功的公司皆是建立了独立的公司，匹配相应的资源、流程和价值观来应对新技术开发新市场。

商业模式创新的风险管理

商业模式中复杂的要素联系与众多的利益相关者，决定了完成价值创造的过程势必会与风险相伴而行。创新与风险是一对孪生子。风险是企业运营中客观存在的因素，如果一个企业管理风险的能力比对手强，那何不通过进一步增加风险，将自己在风险控制上的优势发挥到极致，让对手望尘莫及？这是一条全新的可以产生新型商业模式的路径。创新是价值创造之源，但同时也意味着更多不确定，这种不确定性下，风险也应运而生。商业模式领域的创新同样如此，许多企业管理者也因惧怕风险而踌躇不前。如何平衡商业模式创新和风险管理之间的关系呢？

商业模式的框架与核心包括价值主张、客户细分、分销渠道、客户关系、收入来源（或收益方式）、核心资源及能力、关键业务（或企业内部价值链）、重要伙伴以及成本结构九大要素，但一个有效的商业模式并非各要素的简单拼接，各要素之间往往存在着有机联系。下图很好地阐释了这种联系。

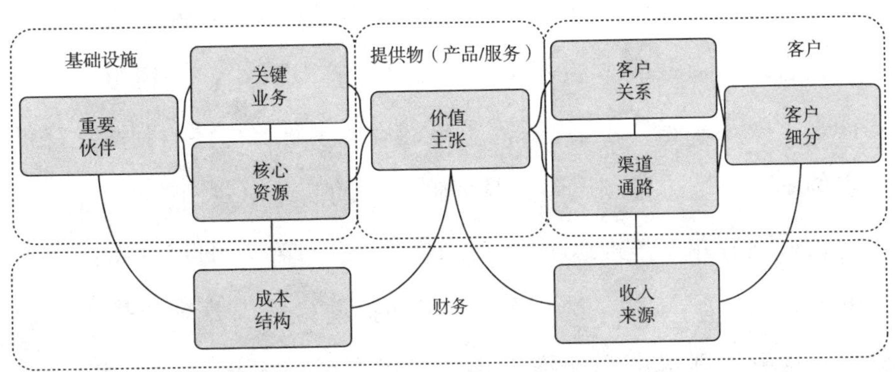

商业模式的框架图

从上图中可以清晰地看到，在商业模式中占据最重要地位的是价值主张，即企业通过其产品和服务能向消费者提供何种价值，具体地可以表现为标准化/个性化的产品、服务、解决方案。要产生和传递这种价值主张，最重要的在于赢利模式的选择、合理的成本结构的设置，以及如何在价值网络中与各种利益相关者进行合作，从而完成价值创造。这些要素间复杂的联系与众多的利益相关者，决定了完成这一价值创造的过程势必会与风险相伴而行。

企业可以在风险中挖掘形成新的竞争能力的要素，通过这些要素间的联系来降低企业风险，具体可以通过哪些要素来推动商业模式创新，有效管理风险呢？

1. 降低成本，控制风险

传统的工业生产中往往会通过改造生产流水线，提高单位时间产出率以降低成本。要实现快速生产，除了设备上的改进外，生产流程上的积极创新也不可或缺。然而，改变流程有时非但不能使成本下降，反而会增加总体成本，因为需求的不确定性会使快速生产给企业带来较大风险。那么，是否存在对需求不确定性所带来的风险进行管理而降低成本的方法呢？工业生产管理中一个很重要的方法即是“延迟制造”，通过对需求更准确地了解、把握与预测，降低需求的不确定性，控制风险，从而产生新的商业模式。

延迟制造并不是推迟生产。所谓“延迟制造”，即是明确地将产品划分为“标配”和“选配”，标配件提前生产，差异化最大的部分作为选配件则尽可能地推迟到市场供应的时候再根据需求生产。通过这种方式，可有效地大幅降低库存成本，进而降低总成本；同时，也降低了由于生产和需求不对应所带来的库存成本与亏损风险。

2. 整合要素间的关系，转嫁风险

整合要素间的关系即通过利益相关者之间的关系处理，修改利益相关者之间的合约，将风险在相关者之间进行转移。

红星美凯龙作为中国家居销售连锁第一品牌，其在售后服务上实现了商业模式创新。红星美凯龙最初的消费者投诉解决方式是通过直接告诉消费者厂商的信息，让消费者与厂商自行沟通，这种方式给红星美凯龙带来了许多实际问题：厂商的不良售后服务导致消

费者投诉不断增多，最终直接影响了企业的经营。后来，红星美凯龙修改了厂商租约内容来管理消费者投诉，所有红星美凯龙的认证商户均需预先交付一定的质量保证金，一旦商户与消费者之间发生纠纷，通过国家权威机构鉴定确认为商家责任，但此时商家又不予或无法解决的，红星美凯龙将启动质量保证金对用户的实际损失进行赔付。这使得消费者购物的信心大增；这就是通过修改合约产生了一种新的商业模式。这种模式所产生的效果是：2005 年红星美凯龙上海地区年投诉量为 1573 次，而 2006 年采用了这种方式之后，投诉率大幅降低，降幅达到 16.7%。

3. 信息时代，数据化管理降低风险

当企业无法通过降低或转嫁的方式来规避风险的情况下，还有一种方式可供选择，即收集更加准确的信息，让决策的信息更加可靠，从而让价值创造更优化。过去这一方式或许困难重重，但随着网络技术的发展、大数据的利用，“数据更准确，决策更有力”成为可以实现的目标。虽然这样并不能完全消除风险，但通过数据可以切实地降低决策的不确定性，从而促使新的商业模式的形成。

以吉盛伟邦与新浪家居的合作为例，凭借新浪家居丰富而精确的客户数据资源，二者的深度合作成功达到了“四赢”的目标——新浪、吉盛伟邦及其国际城中的进驻厂商和消费者的四者共赢。

4. 增加风险，刺激创新

阿迪·阿伦在《管理创新风险的艺术》一书中谈到，当风险得

到了有效的管理，公司便能够通过快速试验和迅速性开发技巧，提高成功概率，创造出真正能带来收益的创新组合。迅速开发是指加强与客户、市场的互动、不断改进产品设计、进行产品开发的过程。

实践也有力地支持了这一路径的可行性。以美国一家环保租车公司为例，该公司通过数字化系统的运用成功实现了实时租车。传统的租车方式限制了租车的时间和频率，一般要求租期达一周或一个月以上，而该公司则实现了按小时租车，因为依靠其本身拥有的IT数据系统，可以精准地对每辆车的状况进行及时地了解，降低了频繁的车辆租借所带来的车辆丢失和损坏的风险。同时，由于对风险的控制能力更强，使其能够对成本进行有效控制，租车价格也比传统公司要低得多。通过这种模式创新，该租车公司每小时的租车率大幅提高。这就是通过增加风险成功地实现了商业模式创新。

第九章　具有影响力的商业模式

联　想

联想公司是中国高科技公司的旗帜和 IT 业的象征，是大舞台上一颗耀眼的明星。在令人眼花缭乱的各种商业评比中，联想都名列前茅，曾荣获“销售收入百强公司”“中国 500 强”“最受尊敬的企业”“最具竞争力的公司”“最卓越商业领袖”等称号，几乎所有荣誉都被联想揽入怀中。

联想集团于 1984 年在北京成立，由联想集团和原 IBM 个人电脑事业部组合而成。联想在 2011 年的营业额达 200 亿美元，自 1997 年以来蝉联中国国内市场销量第一，并连年在亚太市场（日本除外）名列前茅。

科技改变了人们的工作和生活方式，极大地提升了生产力和社会效率。联想在中国扮演着至关重要的角色，作为全球PC行业的领导厂商，联想以自主创新和服务客户的理念，不仅连续保持中国市场领先地位，而且在亚洲谱写了令人惊叹的销售传奇。联想在全球的市场份额高达10.4%。

面对新的时代，联想将秉承“成就客户、创业创新、正直互信、多元合作”的坚定信念，全力打造一个以快速成长和锐意创新为导向的全球化科技企业。联想将始终致力于开发、制造并销售最可靠的、安全易用的技术产品及优质专业的服务，帮助全球客户和合作伙伴取得成功。

联想取得成功的关键是联想的商业模式的成功，那么，联想的商业模式是怎样的呢？

联想“双模式”包括交易型模式和关系型模式。“双模式”战略的实施始于其在2001年前后在大客户管理方面的探索和尝试。迄今，联想实施“双模式”战略经历了三个阶段，即“双模式”战略的孕育阶段、实施推进阶段和调整发展阶段。作为一家全球领先的PC厂商，其为全球超过150个国家的客户提供笔记本电脑、台式机、软件工具、显示器以及一系列的PC附件和选件。同时，联想在中国还拥有针对中国市场的更为丰富的产品线，包括服务器、外设和数码产品等。

依靠对市场的细分为基础进行隔离，针对消费市场和商用市场，联想把其服务的客户群分为两大类：一类是交易型客户，主要是指个人、家庭等零售客户；另一类是关系型客户，主要是指1500人以上的大型企业和政府教育机构以及其他大型商业用户，通常也被称为战略性客户或关键客户。

在实施“双模式”战略时，联想结合实际情况，着重对集团导入和推行大客户管理的实践进行分析，并从组织结构、市场营销、产品研发、生产制造、客户服务五个重要的价值链活动环节，总结联想集团在各个阶段“双模式”战略的实施要点。那么，联想集团的成功因素是什么呢？

1. 保障其商业模式“双模式”的战略实施

联想“双模式”战略的实施是一个“自上而下，逐步深入”的过程。为了进军商用大客户市场，联想的管理团队首先成立了专门的事业部来运营业务，然后以事业部为驱动力，从满足客户需求的角度出发，推动公司各个业务部门实施调整，并不断优化端到端的流程，形成销售、研发、制造、供应、服务紧密衔接的体系。联想在战略实施中组织能力层面得到了培育和提升。

2. 联想模式弥补了产业链的缺陷

电脑的产业链是由七个环节组成的：核心零部件、电脑设计、组装、操作系统、应用软件、分销与销售、现场服务。在当时的中国市场，最薄弱的环节就是分销与服务，联想首先准确地切入并弥补了产业链的缺陷，接着当高效的分销零售系统让兼容机发展到泛滥的地步时，联想适时地设计和组装了属于自己品牌的电脑，使客户享受到了兼容机的价格和品牌电脑的性能。由于先后改善了分销与服务、设计与组装等环节，联想获得了可观的利润。

3. 精准的客户需求把握

（1）交易型模式

这一类客户购买PC产品的主要目的是娱乐、基本的文字处理，更看重的是外观、创新的设计及有竞争力的价格和快速交付。由于消费者的习惯不同，他们习惯到大卖场、IT连锁商店、品牌体验店、网上商店等地购买，同时他们的使用能力有限，因此在购买的时候他们希望得到店员的辅导和介绍，同时可以现场体验。联想在研发、营销、销售、生产运作、服务、合作伙伴网络等环节整合资源，满足这一类客户的需要。

（2）关系型模式

这一类客户购买PC产品主要是为了工作需要，他们更加关注产品的稳定性、安全性、大宗产品快速交付能力，他们需要与生产厂家共同商议个性化的需求。联想同样需要在研发、营销、销售、生产运作、服务、合作伙伴网络等环节整合资源，满足这一类客户的需要。

比亚迪

比亚迪公司创始人王传福深谙商业模式创新之道，但他的许多想法与做法都是反传统的。比如，他雇用大量工人替代自动化机器，他对于公司多元化的行业选择，还有他巧妙模仿竞争对手的本领很强。许多人对“比亚迪模式”不屑一顾，认为这是投机取巧的短暂辉煌。沃伦·巴菲特却认为“这家伙，集托马斯·爱迪生和杰克·

韦尔奇于一身”。巴菲特 2009 年购入了比亚迪公司 10% 的股份从而让比亚迪成了人们最热议的公司。

我们对比亚迪公司的商业模式进行分析，得出六大特征，以此解释了王传福的低成本创新之道。

1. 用人工打破现代的生产模式

比亚迪尽管渗入了多个制造业领域，但却并没有把打造“卓越制造孤岛”作为自身发展重心，即比亚迪的工厂都没有大规模使用自动化生产设备，它的生产流水线上使用了大量人工。一种观点认为，王传福为了减少固定资产折旧而给公司运营成本造成压力，所以不选择大规模使用机器设备。事实上，避免自身陷入“卓越制造孤岛”使比亚迪公司拥有了更大的发展弹性，公司能够将资源（资本）持续投向有利可图的业务。比亚迪公司的发展经验也表明，消除“卓越制造孤岛”所获得的效率提升与成本节约，使公司能够在传统制造业获得较高毛利率回报。

2. 向市场兜售技术

众所周知，比亚迪公司善于从模仿竞争对手的产品中获利。比如，畅销的比亚迪 F3 系列轿车，与丰田汽车全球畅销的卡罗拉具有很大的相似性。再如王传福从郭台铭那里学到，强化模具开发与应用能力是立足 IT 代工制造业的根基。还有比亚迪公司前景广阔的汽车锂电池技术，主要成分是磷酸铁锂。比亚迪可以复制自身在镍镉、镍氢、锂电池等领域内的业务模式，在电动汽车领域内将国外竞争对手击垮。

尽管比亚迪公司对外宣称在技术研发领域投资巨大，但王传福大多从构成技术而非基础性技术角度投入研发资源。即比亚迪通常把市场中畅销、应用范围广、附加值高等类别的产品技术，从生产技能、工序、工艺、专利性等角度加以解构，找到可以通过“比亚迪制造方法”实现低成本生产的可能性。此外，比亚迪“向市场兜售技术”的策略减少了消费者对新产品的质疑，有助于实现快速市场导入策略。

3. 注重构成技术创新的能力

比亚迪专注于模具开发及应用，实质上提升了公司对于市场快速响应能力。实际上，在消费者对于弹性制造能力需求越来越高的今天，制造商都在思考如何把一项卓越技术快速转化为消费者可以接受的商品。尽管基础研究十分重要，但依靠灵活的生产工序，在短时间内能够向市场提供多元化产品选择的技术结构能力，也是十分重要的。

4. 注重质量的提升

低成本创新并不意味着忽略质量的要求，相反，质量的提升应成为创新效果的体现。注重质量包括两个层面：①产品质量稳定性；②产品供给方式灵活多变。比亚迪通过大量人工检测方式加入过程控制是提高质量的一种手段。显然，长期质量控制的有效措施是让产品走上优质产品的道路。

5. 业务模式让位于商业模式

鉴于大多数产业的制造过程充满了分工协作精神，一味追求相关多元化或纵向一体化的业务模式都不是最佳商业模式。比亚迪也是一样，从长期看，公司依然存在各种弊端。但对于大多数制造商而言，业务模式创新体现了其对产业链剩余价值的获取手段与能力，像比亚迪一样，可以借助低成本创新实现公司价值增长。这从苹果公司的商业模式创新中也可以看到，在从生产效率向销售效率转化的过程中，单纯的制造型企业可能因错失与消费者直接见面的机会，而丧失在最恰当的时间、向最佳消费者提供最合适的产品的能力。制造商依然会因为自身的制造能力从苹果公司那里获得订单生产，这已是更优化的“精益生产方式”。传统制造型企业开展商业模式创新，应着力借助自身的低成本优势参与产业性或产品性的企业间联合产品开发计划。这样，既可以了解消费者需求，也可以优化自身的制造流程与成本结构。比亚迪公司在多个业务之间正努力建立起以商业模式创新为目标的联合产品开发计划，这种尝试有助于提高公司管理水平与人力资源价值。

6. 对生产过程和质量的控制

比亚迪无论从固定资产投资（资金成本）还是生产效率角度看，其实际成效都有赖于对人力资本的使用效益，而不在于方法本身。比亚迪公司之所以自成立以来一直采用这种生产模式，而且在资金充裕的情况下也不做出本质性变化，可以理解为基于以下两种经营考虑。

（1）柔性生产

满足客户的多样化需求并做出准确的响应，是减少库存、赢得市场的重要能力。

（2）质量控制

在大量使用电子化产品和供应商模式下，产品质量的稳定性是对制造商的极大考验。产品一旦出现质量问题，将会产生庞大的公司价值损失。比亚迪制造大量加入人工环节，实现了整个生产流程中的反复（过程）质量控制。在今天这样的商业环境中，比亚迪这种短期劳动力投资的长期价值性是值得学习的。

腾 讯

腾讯公司成立于 1998 年 11 月，是目前中国较大的互联网综合服务提供商之一，也是中国服务用户较多的互联网企业之一。依靠不断的微创新和对中国本土用户需求的把握，击败了 MSN（微软公司旗下的门户网站）成为国内 IM（即时通信）龙头。但如今已经成为首富级别的马化腾一开始也找不到赢利模式，一度想以 100 万元出售 QQ。后来依靠 QQ 秀赚到第一桶金，继而打开了后续 Q 币等增值业务空间。然后在庞大用户数的基础上开发游戏，并成为国内游戏市场的老大，游戏也成为腾讯收入和利润的最大来源。

腾讯的商业模式是什么样的呢，我们深度剖析一下，看看腾讯成功的背后到底是什么。

1. 价值主张

（1）目标顾客

腾讯的目标客户是青年群体，即年轻且追求时尚的用户，他们有向别人展示自我以及自我娱乐的需求。

（2）价值内容

通过腾讯平台，用户能够展现自己个性的一面；同时腾讯提供了大量的娱乐内容，用户能够借助游戏平台交友；大量的新闻类内容源也是用户群获取知识以及了解信息的一个重要渠道；另外，腾讯的在线商城也能够满足用户群体的在线生活需求。

2. 价值网络

（1）网络形态

腾讯的价值体系是立体多维的，其分为不同的等级，但是不影响框架的定位，底层的基础服务和金融体系的主要作用在于做支撑体系，赢利并不是重点，更多地强调可用性和灵活性。

（2）业务定位

整个互联网的产业链是极其庞大的，但是腾讯在整个环节紧紧抓住业务运营这一关键点，做互联网上的内容运营商，精确的定位加上庞大的用户量确保了企业利润的稳定增长。

3. 价值维护

（1）伙伴关系

腾讯自己的研发速度跟不上用户的需求，联合运营游戏一方面带动了整个产业链的发展，另一方面也为自己节约了宝贵的研发时间，能够快速占领市场。另外，腾讯还有大量的运营内容，需要供应商提供，例如影视或者音乐类的业务，通过腾讯的平台，很多传统业务在互联网平台上又得到了量的变化。

（2）隔绝机制

既然腾讯商业模式很成功，那么这样的商业模式可复制吗？答案是不可复制的。腾讯通过10多年的积累，用户的关系链就是自己的资源。用户也会流失的，但是腾讯的内容更新速度很快，能够在最短的时间做到产品复制，完成积累。

4. 价值实现

腾讯的赢利模式还是较多的，通过下图我们能够看到现存的一些收费渠道以及占比。

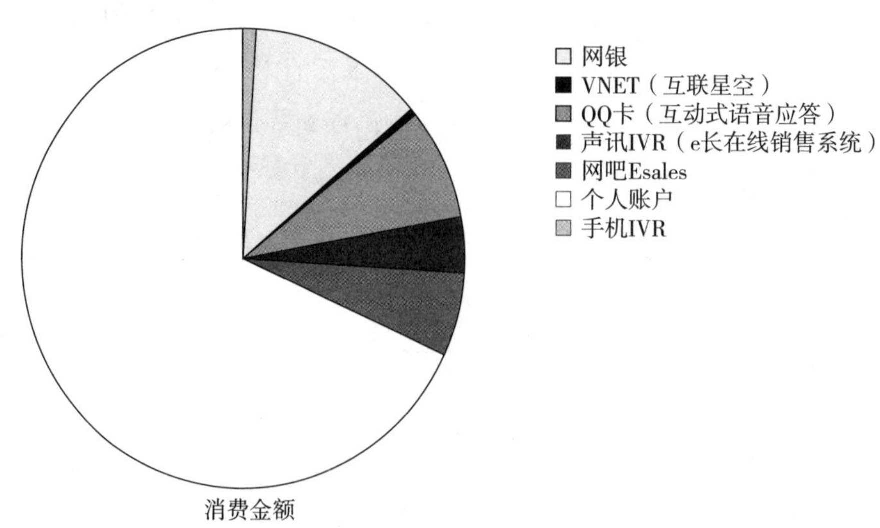

收费渠道及占比图

5. 创新发展方向

现有的商业模式已经出现了增长瓶颈，同时行业内已经有很多企业为腾讯做好了榜样。腾讯不仅紧紧抓住 QQ 平台这个基础，敞开胸怀，做开放平台，靠行业的力量把平台上的业务做大，拉动整体收入的提升。另外，它还保持创新。尽管腾讯已经成为一个大公司，但内部的竞争机制非常好，其内部有很多小团队，互相竞争，鼓励内部创新，从而也就相应地诞生了一些新产品。过去腾讯被称为是“永远在模仿，从未被超越”。即使很多产品并非腾讯首创，但腾讯会保持高度的敏感和快速反应，能够迅速跟进竞争对手，并且依靠强大的产品研发能力和用户数基础实现超越。

阿里巴巴

阿里巴巴 B2B（企业对企业）公司是全球电子商务的领先者和中国最大的电子商务企业，其电子商务业务主要集中于 B2B 的信息流，是电子商务服务的平台服务提供商。阿里巴巴 B2B 着力于营造电子商务信任文化。其独具中国特色的 B2B 电子商务模式为中小企业创造了崭新的发展空间。

阿里巴巴从 1999 年以 B2B 业务切入电子商务领域至今，一直在干一件事情，即建立一个基于网络的电子商务生态系统。这个生态系统与传统线下的商业生态系统并无本质的区别，主要面向消费者、渠道商、制造商和服务商。

据统计，目前有超过 5000 多万的人注册了阿里巴巴，行业涉猎十分广泛，包括原材料、电子产品、服饰等多个行业。从最初的商务平台发展到今日的大规模采购批发平台，阿里巴巴带给我们的是商业模式的成功。

第一，提供独特价值。有时候这个独特的价值可能是新的思想，而更多的时候，是产品和服务独特性的组合。这种组合要么可以向客户提供额外的价值；要么使得客户能用更低的价格获得同样的利益，或者用同样的价格获得更多的利益。

第二，商业模式是难以模仿的。企业通过确立自己的与众不同，如对客户的悉心照顾、无与伦比的实施能力等，来提高行业的进入门槛，从而保证利润来源不受侵犯。比如，直销模式，人人都知道其如何运作，也都知道戴尔公司是直销的标杆，但很难复制戴尔的模式，原因在于“直销”的背后是一整套完整的、极难复制的资源和生产流程。

第三，游戏规则的制定者。成功的商业公式不一定是技术上的创新，而可能是对企业经营某一环节的改造，或是对原有经营模式的重组、创新，甚至是对整个游戏规则的颠覆。

“只要是商人，就一定要用阿里巴巴!”这句话是阿里巴巴的远景目标。经过十几年的打拼，阿里巴巴在网上贸易市场平台上如日中天，拥有了自己的一席之地。

1. 多领域深入合作

阿里巴巴不断地分析采购需求，并广泛招募供应商，让买家通过需要与供应商进行交流沟通并自由匹配，再筛选供应商的报价，从中挑选最合适的合作伙伴从而完成采购。

对于这些供应商，阿里巴巴首先进行初步审核和一系列的筛选，然后再交由富士康进行第二轮的筛选，再最终选择合适的供应商进行合作。除了富士康集团以外，阿里巴巴还选择了与新浪微博合作，并在微博上注册了自己的账号，有在多个领域深入合作的意愿。

2. 不断创新提升价值

阿里巴巴在事业蒸蒸日上之时没有自大，而是远望经济形势，不断地改进和提升自我。

2011 年，经过市场调查和分析，阿里巴巴开始对采购平台进行升级，建立了专门的招标页面，使采购商能通过在采购平台发布的信息与优质供应商匹配，并且还安排了采购服务经理全程跟进，以便帮助国内中小企业直面买家、促成交易。在不断的交易过程中，阿里巴巴也形成了自己独特的交易优势，越来越丰富的服务流程加上诚信分，使阿里巴巴赚足了人气，为日后采购批发平台的建立打下了坚实的基础。

可以说，是不断地完善和创新，成就了今天的阿里巴巴。越来越专业的服务态度和与时俱进的思维模式使阿里巴巴更上一层楼，再加上强劲有力的合作伙伴，使得阿里巴巴如虎添翼，一路过关斩将，取得不凡成绩。

3. 多重赢利模式

一是会员费用及广告竞价为主，会员收入始终是阿里巴巴公司主要的收入来源。以 2004 年阿里巴巴网站会员数量估计，阿里巴巴的会员收入约为 4500 万美元，根据该公司披露的数据分析，这部分收入占据了公司收入的90%以上；另外一种收益来源拓展到买卖双方，除了会员收费以外，搜索营销以及阿里软件有望成为阿里巴巴新的收入支柱之一。搜索营销主要是指专业的商务搜索以及相关的广告营销，阿里巴巴在2007年推出面向买家的“速买齐”商务搜索和中国雅虎转型开发的行业B2B搜索都将为阿里巴巴带来新的营销卖点。另外，阿里巴巴的收入贡献群体也从卖方（供应商）拓展到买卖双方（含采购商）。

苏宁电器

苏宁正雄心勃勃的想要成为世界级的企业。在苏宁去“电器”化的过程中，很难掩饰其背后隐藏的雄心壮志，苏宁想在线上线下都赶超它的前辈，把沃尔玛和亚马逊融合在一起。在中国商业企业中，苏宁的发展是比较领先的，所经营的商品种类繁多，涉及家电、电子产品、日用品、图书等，实体店近2000多家，苏宁易购的网上销售也遥遥领先，线上与线下相结合的销售方式引领着零售行业新的发展方向。

苏宁电器总裁金明称，苏宁未来10年的发展目标是，线下3500亿元，线上3000亿元。其中线下仍以家电为主，线上则商品不受限制。

张近东称，苏宁要把“电器”这两个字拿掉了，就是一个科技企业。曾经提出说苏宁要做中国的沃尔玛，但苏宁要走“沃尔玛+亚马逊”的模式。

苏宁在明确制定10年战略规划前，已经确定了3年之内要完成

60 个物流基地。这一批物流基地的特殊性在于，既要应对现有的情况，还需要考虑到未来电子商务发展的高度，特别是小件商品、高端商品，未来要达到几百万件，这些都是新的挑战。

1. 不断拓宽商品种类

苏宁在 2009 年提出要大规模地变革营销方式，对经营品类和货源渠道进行改革，推动营销和服务水平的提高。自此，在苏宁易购和乐购仕两大网上销售中大力发展非电器类商品，涉及图书百货、母婴用品等。2012 年苏宁全新主力型门店推出，却没有电器二字，这就标志着苏宁在实体店多品类经营领域加快了步伐。

2. 实体店服务升级

苏宁推出了创新性的云商模式，建立了商品、连锁平台和电子商务等经营总部，实体店和网上购物全部进入实践操作阶段。据介绍，全新的连锁平台下苏宁门店将全面提升各项能力，更多的关注消费者的购买体验，为消费者提供更多、更全面的服务。总之，就是要把苏宁门店的各项服务能力放大。

3. 线上和线下将会同步发展，同步提升

苏宁董事长张近东在 2013 年新闻发布会上，介绍了云商模式是“店商 + 电商 + 零售服务商”，是以云技术为支持，整合并融合了苏宁的各种模式，服务的产业将更加全面，群体范围将更广泛。他表示云模式是苏宁新的发展方向，同时也是中国零售业转型发展的新趋势与新方向。

苏宁新的商业模式组合中，实体店和网上购物相比，优势在于实体店直接服务能力强，消费者可以更直观、全面、多样地体验全方位的全面的服务。新推出的实体店苏宁超级店和旗舰店是全面改造的开始，全面升级后服务水平将大大提高。

4. 传统零售业的变革

苏宁的这次变革，其电商平台地位也得到了提升和关注，张近东这次非常明显地表露了他的电商战略。这次变革的背后，将会是电商崛起的时代，网购的规模也将比往年有所提升，网上交易所占消费品比例将大幅上升。另外就是传统的零售业将会受到电商的冲击，导致传统行业中的多种行业尾随其后，纷纷加入电商行列。

5. 全新的购物广场

苏宁的超级店铺与传统店铺不同，更像是购物广场，为消费者营造良好的购物环境，消费者可以随意体验苏宁超级店的各种商品，比如3D电视、游戏等。店内还设有儿童的游戏区，可以将孩子带去游戏区，然后安心购物。

旗舰店主要是面向二、三级市场，全新的店面形态无论是购物环境还是产品都是当地家电连锁的佼佼者，购物通道宽阔，标志清楚，层次分明，整体视觉良好，是消费者最佳的购物环境。同时客户服务业非常到位，服务区功能多并且提供一站式服务全新的体验。

与此同时，苏宁还会继续加大在物流配送方面的建设。截至2012年6月，苏宁易购已经在全国近1800家门店全面设置自提点，除原有设置的12个中心仓外，全国近百个物流仓储配送中心全面承接苏宁易购配送业务，由此苏宁易购将快速实现对全国300个以上的地级城市以及2000个以上的县级市场的配送服务。

携程旅行网

携程旅行网作为商业模式的典范，成功地组合了高科技产业与传统旅行业的企业，向超过3000多万会员提供集酒店预订、机票预订、商旅管理、特约商户及旅游资讯在内的全方位旅行服务，被誉为互联网和传统旅游无缝结合的典范。

目前，携程网已经在北京、上海、广州、南京等全国45个主要大中城市建有配送系统，采用机票到付款方式，把支付问题给解决了。从一定意义上来说，携程不仅整合了各大航空公司的机票，还整合了各大航空公司和机票代理机构的配送系统，在这些强大的资源支撑下，携程还提供异地送票业务。现在携程开始尝试的电子机票业务，推行无票旅行的概念也将是旅游电子商务旅游发展的必然趋势；其次，随着金融业的参与，资金通过网上结算方式直接付款，免去了旅游者携款办理各种手续的麻烦。

在线下，携程网与旅行社合作。2000年年初，携程开始深入旅游度假产品，由于缺乏传统旅游资源，携程最初的策略是与中国旅行社总社、上海东湖国际旅行社几家国内著名的大牌旅行社合作，由旅行社向携程提供旅游线路和导游人员，携程则为旅行社提供客户和技术支持，这样携程公司与传统旅行社优势的差异性得到了良好的互补。下面我们分析一下携程网的商业模式。

1. 携程网的价值定位

携程网作为旅行服务中间商，建立针对上游企业（酒店、航空酒店）及下游顾客（携程会员、合作卡会员、公司客户）的电子商务平台，通过合作上游企业、服务下游顾客的方式，获取利益分配。

2. 携程网的赢利模式

携程的赢利主要通过与上游企业的合作产生的利益分成。相对于酒店，酒店须向携程缴纳的代理费平均约为销售价格的15%～20%，携程则需要为合作酒店在电脑网络及宣传品中提供免费宣传，并承诺携程售价始终低于酒店前台售价。相对于航空公司，航空公司向携程缴纳的代理费平均约为销售价格的5%～6%（除去附加费）。携程网需要及时提供航班机票信息，并向各大航空公司的配送系统提供技术支持，还可以获得在自助游的酒店、机票预订代理费以及保险代理费。此外，公司网站的在线广告也是携程赢利中不可忽略的利润点。同时，携程通过发展公司客户、携程会员等方式，笼络大量的客户支持此赢利模式的运营。

3. 携程网的外部竞争环境

虽然携程每年的经营收入总额是不断上升的，但趋势逐渐放缓。携程2009年所占网上旅行预订市场份额为55.6%，虽仍居首位，但随着众多竞争者进入市场，诸如艺龙网、芒果网、游易网等，逐步形成对携程的合围之势。2009年全球最大旅游评论网入华，以及来自上游供应商的威胁，如7天连锁酒店成为中国酒店业第一电子商务平台，2009年东航与支付宝签订协议支持在线支付直销服务。同时，市场的环境产生的变化仍不可忽视。首先，互联网用户的增多使得网络旅游市场容量扩大，但商业模式同时开始多样化并且市场越来越细分化，网络旅游市场竞争异常激烈。客户的成熟度的提高使得他们对个性化的要求提高，自主参与市场的意识增强。

4. 携程网的营销战略

为了迅速发展酒店预订业务，携程在2000年完成对国内最大订房中心现代运通公司的整体收购，线上和线下同时开展客房预订业务，实施其“落地经营”策略。采用各种营销措施累积用户量，并在此基础上开始在产品及终端服务等细节工作上进行提升，比如机票、酒店、度假、商旅管理等产品线的完善，在机场建立“携程度假体验中心”，提高机票预订和派送效率等。携程这种“烧钱”的营销手段，看似耗费成本，但完成了大面积用户覆盖和品牌知名度建设，达到了深入人心的目的，从而进一步从竞争对手处吸引更多客户，获得更大的市场份额，同时吸引现有的常旅客能够通过携程购买更多的旅游产品，升级营销手段以完成品牌形象的先入为主。

5. 携程网的团队管理

在携程的四位创始人管理时期，季琦有着强大的销售经验，梁建章则有着丰富的IT行业经验，范敏在旅行社从事多年旅游工作，而沈南鹏则出任CFO（首席财务官），使得携程在发展过程中获得大量资金支持，更使得携程顺利在美国上市。拥有各主要相关行业丰富经验的各位创始人，将公司运营、生产、营销、财务等关键部门牢牢结合。2004 年 6 月，日本最大的电子商务公司 Rakuten（乐天株式会社）宣布以 1.09 亿美元现金收购携程网 20.4% 的股份。

6. 携程网的战略发展

2004 年携程以战略合作的方式收编了上海翠明国际旅行社，并更名为携程翠明国际旅行社，使得携程可以从事出境旅游业务。携程通过高级管理层入股方式进行的收购，以几百万元成本拿到了现成的出境旅游经营权，这种经营权同时也包含了在国内经营旅游业务的资格。

四海商舟

四海商舟的创始人、南京科泰信息科技有限公司（以下简称南京科泰）董事长周宁说："外贸企业想通过电子商务形式走向海外，但具体去哪卖产品、怎么卖、后续怎么运营，他们并不清楚，而我们提供的正是所有流程的解决办法。"2010 年 8 月底，四海商舟宣布获得美国国际数据集团（IDG）数千万美元的投资，美国 IDG 资本近千万美元的风险投资。2010 年 8 月正式上线，不到一年，已累计了 200 多家付费企业用户，如李宁、麦包包、凡客诚品等；年内目标是 1000 家付费用户，达到 2000 家即可上市；已完成两轮融资，总额在 2000 万美元以上，IDG、鼎晖等知名 VC（风投公司）为其做后盾。美国两家同类型公司，分别于今年被 24 亿美元和 10 亿美元收购。

四海商舟锁定在外贸营销解决方案，不做电商交易，只提供电商服务。这两年，电商发展呈爆炸趋势，手段和模式不断翻新。四海商舟的定位简明清晰，即帮助欲走向海外市场的客户企业建立网站、进行各种海外营销推广、介入后续的支付及物流等环节以完成整个交易。说得更通俗一些，四海商舟是一个纯粹的服务提供商，以赚取客户服务费用的形式谋取利润。

1. 一站式可选择服务

传统的外贸电商，以阿里巴巴 B2B 模式为主，提供的是信息共享和交易服务平台，每年收固定会员服务费，效果好与不好都是这些钱。在这个平台，一家夫妻店和一家世界 500 强，所能体现的东西差异不大，不属于主动出击，更像守株待兔。

四海商舟要开拓一条新路，以个性化、定制化、一站式为核心。简单来说，四海商舟就是帮助缺乏品牌的企业，在海外进行品牌推广和销售，并且提供物流、仓储、支付等后端一站式服务。这符合郎咸平教授不断强调的观点：一个完整的产业链分为设计、制造、仓储、物流、包装、销售。中国外贸出口企业大都只抓住了制造一个环节，而产业链其他环节则被欧美企业垄断。

中国企业做外贸存在很多障碍，比如，语言差异、文化差异、支付障碍、物流障碍、法律风险、知识产权等，时间和人力都难以顾及。要解决这些难题，四海商舟必须具备两种非常强的能力，一是整合及控制能力，要能很好地整合资源提供一站式服务；二是专业服务能力。四海商舟的解决方案中，有 13 个模块：在线支付、社会化媒体营销（SNS）、联盟营销（AM）、口碑营销（WOM）、电子邮件营销（EDM）、比较购物、海外媒体发布、物流服务、法务服务、付费点击广告（PPC）、搜索引擎优化（SEO）、建站、国际权威认证。企业可以根据阶段性需求，任意组合。前期可能用几个模块，后期可能用十几个甚至全部模块。

比如，一家为国外品牌代工的丝绸企业，产品质量过硬，规模做得也很大，唯独缺少自己的品牌。通过四海商舟的服务，它可以做这样一个规划，先期打好网站等 IT 基础构架，然后利用 Facebook（脸书）、Twitter（推特）、YouTube（视频网站名称）、Flickr（雅虎网络相册）、Linkedin（领英）等新媒体平台进行品牌营销；短期内会聚集大量粉丝，如果产生订单，可以利用在线支付、物流服务等模块，为海外消费者提供整套的服务。而四海商舟签约的 Facebook、Twitter 等新媒体平台，都是全球性的，覆盖面很宽，能够与很多国家消费者迅速建立关系。

四海商舟的另一个特别之处，就是为客户提供定制的海外营销整体解决方案。这些服务包括：前端的市场研究，中间的营销商务平台建设和各类网络营销推广，后台的支付、物流以及客户服务、涉外法律顾问等。

公司提供近 20 个模块服务，针对不同国家的消费习惯和用户使用习惯，为每个客户量身定制服务模式。前谷歌华东区总经理和中国出口业务部总经理、现四海商舟 CEO 顾牧琛介绍，这些模块可供客户根据不同的发展阶段选择。比如，通过市场分析和研究模块，四海商舟帮客户分析其产品在互联网上有没有市场、市场在哪里、机会有多大，如果是品牌企业的话还会做品牌定位。

再比如营销推广模块，这其中囊括了搜索引擎优化、搜索付费营销、社会化网络推广营销、电子邮件营销、网站联盟营销等多种形式，而四海商舟则会结合客户产品的特性，来筛选最适合的营销方式进行整体推广。据了解，四海商舟已经与谷歌建立了合作关系。谷歌的巨大优势在于全球覆盖，拥有庞大的海外流量。而在四海商舟的整体营销方案中，谷歌负责海外网络推广环节。

如李宁、爱国者、麦包包等国内企业都已经成为四海商舟的客户。随着公司业务的发展，公司不仅仅将目标限于外贸企业，还包括一切想做海外推广的中国客户，比如中国政府的招商项目、中国景点推广等。

2. 定制服务，客户黏性更高

四海商舟不像其他电商那么引人注意，但它的赢利方式，与客户的黏性，都是更为合理的。这也是投资机构非常看好它的原因之一。目前四海商舟的几百个付费客户，合作金额从几万元到上百万元不等，按照使用了模块的多少进行付费。在四海商舟的模式下，它更加看重客户的质量，而非数量，更注重深度合作。像阿里巴巴这样的外贸平台，可能有几万甚至十几万用户，周宁认为，四海商舟如果达到2000个付费客户，其未来的商业价值就难以估量了。

四海商舟的客户，金字塔结构特点非常明显，主要是按客户的外海成长需求来划分的，塔基部分是购买少许模块的客户，刚开始尝试合作。塔中部分是逐步深入的客户，开始更多使用模块来扩大品牌和销售。而塔尖的，按周宁的估算，也就5%的顶级客户，他们会使用全部的模块。“初级客户我们看重过程，中级客户关注方法论，顶级客户看重结果。”周宁说。

针对这部分较少的大客户，四海商舟设立大客户部门，采取

“一对一”的服务方式。衡量服务回报的标准以结果为导向。假如说，一家企业过去的毛利润是10%，通过采用四海商舟的服务，他们有把握做到50%、60%，那么溢价的这部分，两家公司可以按照一定比例分配。“中国外贸出口企业最缺的是自己的渠道，要想生存与发展，仅仅依靠传统B2B所提供的平台是远远不够的。需要颠覆‘守株待兔’式的销售方式，改为‘主动猎兔’，就是要找准目标顾客，主动出击，用最快的速度给潜在客户提供商品与服务。”周宁坦言，自己对四海商舟的模式非常有信心。但是，留给他的团队的时间也就两年，电商玩的就是速度，快鱼吃慢鱼。

3. 四海商舟的战略规划

四海商舟的创始人周宁讲道：“商业模式创新的根基在于这个模式创新能够创造社会价值和民族价值，我们知道中国制造确实创造了很大体量的产值，但是产品的附加值特别低，如何提高产品附加值，是我们的梦想，也是我们的模式创新。为此，我们创制了环球出口贸易‘直接指向性询盘’，通过一对一的直接询盘方式，帮助客户提高询盘质量以及询盘转化率。”

中国正处在一个创新聚变的时代，新兴、创新的商业模式对中国企业极其重要，商业模式创业作为一种新的创新形态，重要性与影响力丝毫不亚于技术创新，在很大程度上启迪更多的企业思考与前行，帮助其成为行业内的领军性企业。四海商舟的企业愿景：“我们希望通过创新的整合营销模式，帮助中国制造企业在国际市场上缩短供应链，缩短应对的速度，最终帮助企业站稳国际市场，创造自己的品牌，真正帮助中国制造在全球领域获得定价主动权，这是四海商舟的一个愿景和使命。”

4. 顺势而为，顺应形势

在国内互联网行业，每一个崛起的互联网品牌背后都有着自己独特的商业模式支撑。传统门户背后是在线新闻，腾讯 QQ 背后是即时通信，盛大背后是游戏，百度背后是搜索，优酷背后是视频，阿里巴巴、淘宝、携程、当当背后是电子商务，等等，这些知名互联网品牌无不是某种互联网商业模式的代表。四海商舟也是顺应商业发展的时代产物。

总之，好的商业模式必须能够突出一个企业不同于其他企业的独特性。这种独特性表现在它怎样赢得顾客、吸引投资者和创造利润。谭老师认为，优秀的商业模式是丰富和细致的，并且它的各个部分要互相支持和促进；改变其中任何一个部分，它就会变成另外一种模式。

快书包

“着急就找快书包”，快书包创始人徐智明的电商生意发迹于网上书店，但早已不局限于书刊，如零食、礼品、鲜花、药品甚至演出票等新产品在不断地增加。快书包是一家新成立不久的专注于畅销书零售的网上商城。自上线以来就推出了“一小时到货”的服务，这是同类图书网站所达不到的速度。图书网店的价格优惠也是和大型网店不相上下的，为消费者提供热门的畅销精品书的同时以全新的配送服务，以最快速度送到消费者手中。目前快书包的服务范围已经扩展到了近十个大城市，这些城市的消费者都可以享受到一小时到货和定时送的服务。

“一小时到货”源自麦当劳的送货启示，在创业之初徐智明每天往麦当劳里跑。找到座位便坐在那里掐着表计算麦当劳外卖员工的工作情况和配送效率，徐智明说：“我在两家麦当劳统计发现，每天外卖营业额平均在7000元，这是不小的量了，对比来看，我的想法可做。”于是，快书包在2010年6月7日正式上线。

1. 快书包的创新模式

目前当当网和亚马逊是国内网上最吸引消费者的书店，其他的书店想要赶超这两个最大的网上书店是件很困难的事，快书包的创始人就推出了全新的配送模式：“一小时到货”和“定时送”服务。而这种新模式又是从满大街送外卖的麦当劳送货人员身上得到的启示，然后将这种送货模式引进了网上书店模式。

快书包网站的书都是畅销书，但是种类比较少，因为正处于发展的起步阶段，再加上图书配送是免运费的，如果书的种类过多就会不好控制，还会增加送货成本，不利于前期发展。

据有关人员分析，这种运营模式在销量增加以后会对网站构成威胁，因为以前也有过类似的网站类似的运营模式，但是随着销量订单的增加，配送人员也随之增加，送货成本增加，利润空间越来越小，最后只能以飞快的速度消失。当当网则认为由于互联网的普及和电子商务的快速发展，市场细分将会越来越细化，还会有各种有特色的图书网店上线，以满足消费者各种不同需求。

2. 快书包的特色是"快"

"一小时到货"曾经被质疑没有需求人群，其实这种服务是每个消费者都有的需求，它是快速、承诺，是消费者自我控制购物时间的一个过程，是一种靠谱的交易。快书包的定时送也蕴含着同样的道理，是消费者对收货时间的自我限制。

3. 快书包的定位和方向

快书包创始人徐智明因为有过多年的广告业经历，所以对快书包的定位非常准确，就是"网上精选便利店"，这个定位会一直延续下去。快书包是以卖书成立并发展的，但是发展至今已经涉及食品、日用品、鲜花礼品等多种内容。有人开始好奇明明是网络图书店怎么业务发展了，图书没有利润了吗？其实扩展品种类别是早就定好的发展方向。因为网络图书是最容易被接受的网购类，而且徐智明从事过多年的图书零售，从图书入手创业比较容易。

4. 快书包的经营策略

控制发展规模保持低成本经营。快书包的建立投资小，其他地方花钱能省的就要节省，对于工作环境要求不高。快书包的实力有限，所以只在大城市发展。因为徐智明有过多年的广告业生涯，这些年又在广告上下了很多功夫，所以他对自己快书包的品牌和广告分的非常清楚。品牌就是品牌，广告就是广告，这两者没有必然联系。品牌是点点滴滴积累起来的形象和口碑，是广告买不来的。广告的费用很高，对快书包来说是华而不实的东西，因为规模小，成本控制要求比较高。快书包做品牌是通过快递，效果虽然不会很明显，但是投入真的比较低，是可以控制的。一个好的品牌形象一旦建立并且持久的保持住，就能够成为企业的无形资产。

5. 因地制宜，随时满足需求

快书包已经向二线城市拓展了，因为各个城市的具体情况不同，所以快递交通工具的选择也要因地制宜，广州不让摩托车上路，那就换成电动车送快递。二线城市和一线城市需求也有很大的不同，购买节奏也有差异，一般情况下二线城市要比一线城市书籍热销慢。快书包的地域分布也是经过实践和研究的，如果不经过思考，一旦订单大批量下单的时候物流就会面临瘫痪。所以快书包在一线大城市把重点放在商业区域，而在北京送件范围也缩短到了二环，这样就减轻了物流压力。

如今快书包已经在 7 个大中城市开通了购买权限，在与当当和卓越亚马逊共存的今天，快书包以其特有的经营方式在电子商务的大潮中探索前行，在这一领域打开了属于自己的发展新局面。

快书包的出现打破了图书营销的传统格局，以快速、精品和定时送的新的服务来满足消费者需求。在电子商务发展迅速的今天，快书包以一种全新的服务和快速的服务带给了消费者一种全新的网购图书的享受。

参考文献

[1] 周凯歌. 赢在改变：企业转型升级与赢利模式创新 [M]. 北京：中国财政经济出版社，2014.

[2] 亚历山大·奥斯特瓦德，伊夫·皮尼厄. 商业模式新生代，王帅，毛心宇，严威译. [M]. 北京：机械工业出版社，2011

[3] 吴文辉. 创业管理实践：新创企业的成长模式 [M]. 北京：中国经济出版社，2014.

[4] 陈威如，余卓轩. 平台战略：正在席卷全球的商业模式革命 [M]. 北京：中信出版社，2013.

[5] 危正龙，宋正权. 商业模式突围：中小企业的转型与重生 [M]. 北京：中国经济出版社，2014.

[6] 贾君新. 创新商业模式与领导力［M］. 北京：中国财富出版社，2014.

[7] 胡世良. 移动互联网商业模式创新与变革管理［M］. 北京：人民邮电出版社，2013.

[8] 谢继东. 战略赢利模式［M］. 北京：企业管理出版社，2013.

[9] 王胜会. 管理流程设计实务［M］. 北京：人民邮电出版社，2014.

[10] 张佳明. 总裁教练模式［M］. 北京：机械工业出版社，2012.